5つ星のおもてなしを
1泊5120円で実現する
スーパーホテルの「仕組み経営」

9割の稼働率と7割以上のリピートを生み出す

神戸大学大学院
経営学研究科教授
金井壽宏
×
スーパーホテル会長
山本梁介

かんき出版

はじめに

――神戸大学大学院経営学研究科教授　金井壽宏

経営戦略には長けているが、人びとに信頼され、彼らを効果的に動かすことにはあまり向いていないひと、逆に、人びとを元気づけ、育て鍛えるのは達人レベルだが、会社全体の方向づけのための戦略づくりには弱いひともいる。だから、異なるタイプの人間が創設期からリーダーシップをシェアするケースがある。しかし、理想はといえば、戦略発想にも優れ、人間的魅力も豊かな経営者がいたらそれに越したことはない。

本書でお届けするスーパーホテルの創業者で会長の山本梁介さんは、この両面において優れた経営者でありながら、親しく、ていねいに、そして謙虚に、自分語りをされる。よいことばかりでなく、挫折経験も含め、ニコニコと語ってくださる。

卓越した経営者の経験に基づく物語は貴重だ。すごい経営者も最初から偉大な経営者なのではなく、挫折も経験しながら、教訓を得て、信じるに足る経営のあり方、リーダーシップのあり方、戦略の練り上げ方と実行の仕方について、熟達してこられたのであろう。

わたしは、この書籍のために、山本さんと語り合う以前から、語り部としての山本さんの語り口とその内容に心惹かれてきた。いつか、そこから戦略と理念に支えられた人間主義経営の姿が、ひとつの書籍にまとまればすばらしいことだという希望をもっていた。このたび、ついに本書が上梓されることになったことを、読者のみなさんとともに喜びたい。

本書において、山本会長は、これまでの来し方を意味づけ、豊富なエピソードで、経営の現実を語ってくれる。ビジネスの仕組みとしても、また、働く人びと、一人ひとりをホテル経営者に育てることにつながる人材育成の仕組みとしても、また、ビジネスシステムと人材育成システムが不可分である点においても、非常に興味深い語りが披露された。

経営戦略と人材育成の両方が効果的に融合した経営の物語は、同時に、山本さんの長いキャリア（仕事生活）の物語であり、また、父親から自分への世代継承性、また、自分から息子たちへの世代継承性の物語でもある。

また、誰もが出張の際に、あるいはプライベートの旅行で、日帰りできないほどの遠方に行くときには、ホテルや旅館にお世話になっていることであろう。本書がわたしたちの身近なものとなっている理由のひとつとして、山本さんが創り上げたビジネスが、快適で便利な存在であり、スーパーホテルを利用された読者も多いであろうという点も大きい。

そこで経験される興味深い、スーパーホテルならではのこだわりを支える、山本さんによる仕組みと戦略に基づく経営、理念経営、（初期の失敗も含む）人生経験と、（失敗もポジティブに活かす）人生哲学にふれながら、次に（あるいは読者によっては初に）スーパーホテルにお泊まりになるときには、安全、清潔、健康、環境という側面に対する配慮、とりわけ、「ぐっすり」にこだわった「第二の我が家」の実現を支えてきた経営ノウハウにも思いを寄せていただきたい。

ポジティブ心理学が経営の実践や経営学に与える影響にも興味をもつ経営学者の観点からは、山本さんの前向きさ、とくに、苦境に直面してもそこから回復する力（レジリエンス）、また、随所に記述される「感謝の気持ち」が経営の基盤にあることも、興味深い。

リッツ・カールトンそのものが身近になることは、富豪でないとありえないだろうが、その気になれば、出張先、旅先で感じられる、スーパーホテルでなければ提供できない、おもてなしを支える理念経営、仕組みに基づく経営を本書からより身近に感じてほしい。意外と異なるビジネス分野のひとにも、顧客満足を高めるためのヒントがみつかるのではないだろうか。

顧客満足も社員満足も、そして会社も社会もという「あえて二兎を追う経営の仕組み」の心髄と、その経営を支える人間力を山本さんの語りから読み解いて、ご自分の働き方、さらには生き方にも、ヒントを探してほしい。

はじめに――株式会社スーパーホテル会長　山本梁介

近年、スーパーホテルではグローバル展開を視野に入れています。2013年にはタイ・バンコクに出店し、現在はベトナム・ハノイでも出店準備を進めています。

海外でホテルを運営する際には、現地企業と合弁企業をつくります。その交渉の席で、相手側から「あなたがたのホテルは、星はいくつなのか」と尋ねられたことがありました。新興国の企業家は欧米資本の高級ホテルに対するあこがれをもっており、星の数にこだわるようなのです。「スーパースターですよ」と私は答えました。

宿泊に特化し、最高のおもてなしをリーズナブルな料金で提供する。

省エネルギー、環境、健康、癒しといったコンセプトを追求する。

そして従業員満足度を高め、適正な利潤を得る。

それが21世紀のホテルであり、スーパーホテルはその先駆者だと考えているからです。

実際、アジアのパートナーを国内の店舗に招くと、「なるほど、これは21世紀のホテルだ」と納得してもらえます。

本書は、神戸大学の金井壽宏教授がスーパーホテルの経営に興味を示してくださったことがきっかけで企画されました。

金井さんとは2011年からのお付き合いです。スーパーホテルがリンクアンドモチベーション社主催のベストモチベーションカンパニーアワードで1位に選ばれたとき、授賞式でお目にかかったのが最初の出会いで、以来、インタビューをお受けしたり、神戸大学で開かれる研究会で講演をさせていただいています。

今回の出版にあたっては、改めて長時間の対談も行いました。経営の実践や企業の現場に精通しておられる金井さんとの対話では、私が今まで「目と耳と肌」で感じてきたことを「脳」につなげていただくことができました。言葉にしてお話ししているうちに、気づいたことやわかってきたことが多くありました。

金井さんには章末に解説を添えていただいています。ホテル経営という生きた素材が研究者の目で分析されており、読者のみなさんには、1粒で二度おいしい一冊になっているのではないかと思います。

スーパーホテルは常にお客さまに感動を与えることを目指しています。その仕組みや戦略、理念、人材育成についてまとめたのが本書であり、企業や組織で働く方々、サービス業に従事しておられる方々のお役に立つ内容になっていれば幸いです。

CONTENTS

5つ星のおもてなしを
1泊5120円で実現する
スーパーホテルの「仕組み経営」

PART 1

顧客満足も生産性も どちらも高める仕組みづくり

PART 2

戦略実現と理念浸透の両方を支える仕組みづくり

金井壽宏教授の考察

PART 3

5つ星のおもてなしを実現する人材育成の仕組みづくり

金井壽宏教授の考察

PART 4

挫折と再起をへて体得した経営者としての私の持論

装幀　竹内　雄二
写真撮影　津波　裕
本文デザイン・DTP　松好那名
編集協力　秋山　基

PART 1

顧客満足も
生産性も
どちらも高める
仕組みづくり

「生き金、死に金」の哲学。

スーパーホテルを経営していくうえでの
重要な判断軸です。

ホテル業界の非常識に挑戦

ホテル業は伝統産業のひとつです。昔から宿場町には決まって旅籠《はたご》屋がありましたし、旅人に一夜の寝場所を提供する仕事には、おそらく飲食業と同じくらいの長い歴史があるのではないかと思います。

伝統産業はすでに市場が成熟した業種でもあります。ホテル業も例外ではありません。国内マーケットが大きく広がっていく見込みはあまりなく、各社はその中での競争を運命づけられています。

そんなホテル業界に、スーパーホテルは1996年に新規参入し、現在では105店舗（全国38都道府県に104店舗、海外ではタイに1店舗）を展開しています。

客室稼働率は平均で90%、お客さまのリピート率は72%に達しており、会社はこの10年間、増収増益を続けています。土地の有効活用を検討しておられるオーナーさんからのフランチャイズ加盟希望も途絶えることがありません。

スーパーホテルはビジネス客にターゲットを絞ったホテルであり、1泊朝食付き

5120円からの値段でお泊まりいただけます。しかし、低価格だけを売り物にしているわけではありません。

サービス産業生産性協議会が発表する顧客満足度指数調査で、スーパーホテルは2009年、2010年と2年連続でビジネスホテル部門の第1位になりました。シティホテル部門を含めたすべてのホテルの中でも第1位でした。2011年以降は、惜しくも1位を逃していますが、再度1位奪還をめざしているところです。

また、世界最大の旅行サイト「トリップアドバイザー」が発表する、世界の旅行者のクチコミをもとにしたランキング「トラベラーズチョイス2013」のベストバリューホテル部門では、スーパーホテル旭川が第1位、湯元「花乃井」スーパーホテル大阪天然温泉が第5位にランクインしました。

これらの数字を見てもおわかりいただけるように、スーパーホテルはお客さまの高い満足度によって支えられています。実際にお泊まりいただいた方々から「価格も満足、ホスピタリティも満足」という評価をいただいているのです。

一般的に、経済活動においては、生産性を向上させれば、顧客満足度は低下するとされています。逆に顧客満足度を上げようとすれば、生産性は低くなるといわれます。

したがって、生産性と顧客満足度を両方を高めるのは、いわば「二兎を追うこと」であり、ホテルでそれをやろうとするのは、「非常識」なことかもしれません。

しかし、スーパーホテルはあえてこの「二兎」を追い、ホテル業界の「非常識」に挑戦しています。そのために私が大切にしている基本哲学が、「生き金・死に金」という考え方です。

私は大阪・船場の繊維商社の3代目として生まれたのですが、幼い頃、親からよく聞かされたのが、この「生き金・死に金」という言葉でした。

「関西人はケチやといわれるけども、そうではない。ドブに捨てるような使い方をする『死に金』やと思うたら、1銭でも惜しむけれど、これは『生き金』やということになったら、それこそ身銭を切ってでも使う。お金の価値というものが一番よくわかっているのが関西人なんや」

そんな話をしながら、両親は、まだ子どもだった私に金銭感覚をしっかり身につけさせようとしてくれていたのだと思います。

お金を使う際に最もよく考えなくてはならないのは、金額に見合う価値や効果が得られるかどうかです。投資効果のあるお金なら、高額であっても思い切って使う。その代わり、無駄な投資につながるお金は、たとえ少額でも使わない。これが「生き金・死に金」の哲学であり、スーパーホテルを経営していくうえでの重要な判断軸です。

私たちは、低価格を実現するために合理化とコスト削減を徹底する一方で、顧客満足度アップにつながるものに対してはしっかりお金をかけます。そうすることで、「1円当たりの顧客満足度ナンバーワン」のホテルを目指しているのです。

客室に電話がない理由

最近はよく知られるようになってきましたが、スーパーホテルの客室には電話を引いていません。これもホテル業界の「非常識」かもしれません。これだけ携帯電話が普及している世の中になったのに、客室に電話を置いていないホテルはいまだにスーパーホテル以外にありません。しかし、客室に電話がなければ、当然、電話を引く費用や、課金装置を設置するための初期投資が必要なくなります。

それだけではありません。電話を客室に取り次ぐ業務も必要なくなるため、ホテルの人員を減らすことが可能となり、ランニングコストの低減にもつながります。お客さまから「なぜ電話がないのか」とクレームをいただくことはほとんどありません。むしろ隣の部屋の電話の音にわずらわされずにすんで、ぐっすり眠れると好評です。

おそらく電話があるホテルのほうが、お客さまからのクレームは多いでしょう。ホテルの電話を使ったお客さまの中には、まれにではありますが「そんなに長く話していない」とか、「コレクトコールでかけたはずだ」といいだす方がいらっしゃいます。

だいたいはお客さまの勘違いなのですが、ホテルはサービス業ですから、「だったら電話会社から領収書を取りましょうか」などと開き直るわけにはいきません。お客さまのメンツを立てながら、話を軟着陸させなくてはならず、そのためには、ある程度経験を積んだ係員が丁寧に対応しなければなりません。

しかも、そうしたクレームは、たいてい朝のチェックアウト時に寄せられます。つまり、朝の一番忙しい時間帯に、フロント係はクレーム対応という最も神経を使う仕事に追われることになるのです。

スーパーホテルが客室に電話を置かないようにしたのは、1997年頃からです。当時から、出張慣れしたビジネス客は、ホテルの電話料金が通常の固定電話の料金より3～5割高めに設定してあることを知っており、電話をかける際にはロビーの公衆電話を使っておられました。

そこでスーパーホテルでは、ロビーに公衆電話用のデラックスなブースをつくり、机と椅子を置いて、ビジネス客が仕事の電話をかけやすいように工夫しました。そういうお金の使い方こそ「生き金」だと、その頃から私たちは考えていたのです。

ノーキー・ノーチェックアウトシステム

通常のホテルは、マンパワーでおもてなしを実現しようとしていますが、スーパーホテルでは、お客さまへのサービスにＩＴ（情報技術）をすり込むという考え方をとっています。これもホテル業界では「非常識」といわれることかもしれません。

スーパーホテルでは、ＩＴを駆使した「ノーキー・ノーチェックアウト」というシステムを採用しています。

まず、ホテルを訪れたお客さまに、ロビーに設置されている自動チェックイン機を自分で操作して宿泊料を支払っていただきます。チェックイン機からは、部屋番号と部屋の鍵を開けるための暗証番号が印刷された領収書が出てきます。お客さまはそれをもって部屋に向かいます。そして、客室のドアについている番号キーに暗証番号を入力すれば、部屋の鍵が開きます。

この前払い式の自動チェックイン機を導入することで、ルームキーはいらなくなり、チェックアウトの業務も原則として必要なくなりました。

もともと客室に電話は引いてありませんし、冷蔵庫も課金式ではないため、チェックアウト時の精算はやらなくていいからです。飲み物が欲しいお客さまには、ロビーの自動販売機で買っていただくようにしています。

ホテルのお客さまがチェックインする時間は、人によってまちまちです。ビジネス客の場合であれば、仕事が終わってすぐにホテルに入られる方もいますし、一杯飲んで、遅めにチェックインされる方もおられます。

しかし、チェックアウトの時間はまちまちではなく、午前8時前後に集中します。1秒でもたくさん寝ておきたいというのが人間の心理ですから、ギリギリまで部屋で過ごしたお客さまたちが、いっせいに部屋から出てこられるのです。

そのため、チェックアウトの必要があるホテルでは、そのぐらいの時間になると、フロントがとても込み合います。お客さまは1秒でも早くチェックアウトしたいわけですから、フロント業務に携わる人員を多く配置して対応しなくてはなりません。

けれども、チェックアウトそのものが必要なければ、お客さまはフロントに立ち寄る必要がなく、出かけたい時間に部屋からそのまま出ていくことができます。スーパーホテルの大半の店舗は、支配人と副支配人、それに数人のスタッフだけで運営しています。そのように少人数でやっていけるのは、ノーキー・ノーチェックアウトの仕組みがあるからであり、当社の人件費は、他のホテルに比べて3割ほど安くなっています。

このシステムを開発しようと、最初に大手のソフトウェア会社に見積りをお願いしたところ「10億円かかる」といわれました。さすがにそんなに払えないため、中小の会社を探して依頼しましたが、それでも1億円程度の開発費がかかりました。

しかし、このシステムを導入することでランニングコストは下がり、顧客満足度も上がりましたから、この開発費もまさに「生き金」でした。

スーパーホテルの外観はいたって簡素です。マンションみたいな殺風景な建物だと思われる人もいるかもしれません。私が「ホテルに入ってくるお客さまは建物の上のほうは見ないし、出ていかれるときも後ろを振り返ったりはしない」といって、そのようにしました。ロビーにもお金はかけず、シンプルなデザインにしてあります。豪華なシャンデリアも、大理石の壁も、ふかふかのじゅうたんもありません。

また、各店舗では午前10時から午後3時までは照明を落とし、フロントにスタッフは置いていません。夜間のフロント業務は本社のコールセンターで集中管理しています。

それから、ホテル内の空調設備は、全体を一括して管理するシステムではなく、客室ごとに個別管理しています。空室に空調は必要ないからです。これにより、年間の電気代が25%節約できています。浴室のシャワーヘッドを節水型にし、バスタブに満水のラインを示すシールを貼るといった細かい工夫も施しています。そうすることで、お客さまに節水へのご協力をお願いしているわけです。

このように、不要と思われるものは勇気をもってそぎ落とし、ムダを徹底的に省くことで、スーパーホテルは低価格を実現しています。

ベッドの脚をなくしたら91分掃除時間が短縮、おまけにお客さまも満足

スーパーホテルでは、ある時期からは、「ベッドの脚」もなくしてしまいました。

スーパーホテルでは清掃を徹底しています。しかし、悩みの種は、客室のベッドの下でした。どうしてもゴミがたまりやすいため、いくら清掃してもカーペットが汚れがちでした。

私たちは、ビジネスパートナーの清掃会社の人たちにも参加してもらって、ああでもない、こうでもないと対策を考えました。けれども、これぞという妙案はなかなか浮かびませんでした。

そのとき、清掃を担当する女性がいい放ったのです。

「もう、頭にきた！　いっそ脚がなければいいのに」

ずいぶん乱暴な意見だなと思いましたが、いわれてみれば確かにその通りです。さっそく、ベッドの脚をなくして実験してみたところ、床をきれいにする手間が省ける分、1部屋当たりの清掃時間は約1分短縮されることがわかりました。その店舗は91室ありましたから、店舗全体では91分、時間の効率アップにつながりました。

顧客満足度のほうはどうだろうか、寝づらくはないだろうかと思って、お客さまの声を聞いてみると、「天井が高く感じられていい」という思わぬ反応が返ってきました。

ビジネスホテルの建物は、同じ高さのシティホテルよりも、だいたいワンフロア多いつくりになっています。その分、客室の天井は低めですがベッドの脚をなくしたことで、お客さまに天井が高くて気持ちがいいと感じていただけるようになったのです。

100人中1人しか困らないサービスは切り捨てる

ムダを省く際の私たちの基本方針は、「なくなっても、100人中1人しか困らないようなサービスは切り捨てる」というものです。

そのせいか、スーパーホテルは「引き算の経営」をしているというご指摘を受けることもあります。通常のホテルにあるものがない。通常のホテルでやっていることをやっていない。その意味では、確かにスーパーホテルは「引き算の経営」をしているといえるのかもしれません。

しかし、私は、スーパーホテルの経営は「引き算」というより「掛け算」だと考えています。生産性を高めつつ、顧客満足度も上げていき、その相乗効果によって利益を出していくことを目指しているからです。

いらないものを引いていくだけでは、顧客満足度は上がりません。「生き金・死に金」をよく見極め、お金をかけるべきものにはお金をかけて、お客さまに喜んでいただく。それが「掛け算の経営」です。

「ぐっすり」に徹底的にこだわる

お客さまに感動していただくためには、ホテルのコンセプトを明確にしておくことも大切です。スーパーホテルでは創業当初から、「安全・清潔・ぐっすり眠れる」というコンセプトを掲げてきました。とりわけ眠りには最もこだわり、さまざまな努力を重ねてきました。

ホテル業を始める前、私は、単身者向けの賃貸マンション（シングルマンション）の事業を手掛けていました。その頃よく居住者から寄せられていたのが、「夜中に、よその部屋から、トイレの水を流す音や洗濯機を回す音が聞こえてくる」「階段を昇り降りする音がうるさい」「隣の部屋からもれてくる話し声が気になって仕方がない」といった睡眠に関する苦情でした。

集合住宅では、考え方やライフスタイルの異なる人たちが、同じ屋根の下で暮らしています。したがって、眠りにまつわるもめごとは日常茶飯事であり、それをすべてなくすのはなかなか難しいことです。

しかし、宿泊料をいただいてお客さまをお泊めしているホテルでは、眠りに関するクレームは本来あってはならないものです。

ところが、ホテルの事業を始める前にいろいろと調べてみてわかったのは、睡眠を突き詰めて探究したホテルはないということでした。睡眠は人間にとってとても大切な時間であり、ホテルはお金を払って眠る場所であるにもかかわらず、「ぐっすり」にこだわったホテルはそれまでなかったのです。

そのことを知ったとき、眠りにはビジネスチャンスがあると私は思いました。とくに翌日の仕事を控えているビジネス客は、ホテルでは何よりぐっすり眠りたいはずです。良質な睡眠を提供できれば、ビジネス客にきっと満足していただける。そう私は確信しました。

ビジネス客の方々は、ホテルにいる間の大半の時間をベッドの上かその周りで過ごされます。たとえば、食事を終えて夜の10時頃に部屋に入られ、朝の8時に出ていかれるとしたら、ホテル滞在時間は10時間。そのうちの7～8割は部屋で眠っておられる計算になります。

そのため、スーパーホテルでは、ベッドと枕にはかなりの工夫を凝らしています。ベッドは創業当初から大きめのものを備え、ここ数年に出店した店舗では幅1・5メートル、長さ2メートルというダブルサイズの大きさにしています。硬さについても、比較的柔らかいものと硬いものの2タイプをご用意しています。

枕は、硬さ・高さ・素材の異なる7種類をとりそろえ、ロビーに設置した「ぐっすりコーナー」で、お客さまが好みのものを選べるようにしています。

防音への配慮も怠っていません。先ほど述べたようにスーパーホテルの外観はいたってシンプルですが、外壁も隔壁も防音設計になっています。客室の扉の周りにはゴムパッキンをつけ、廊下からの音が入ってきにくいようにしてあります。室内の静かさは図書館レベルです。冷蔵庫も、「ジーッ」と鳴る音で眠りを妨げないように、静音タイプのものを置いています。

マットレス、スリッパなどについても改良を繰り返しており、疲労回復効果があるものやリラックス効果を高めるものを開発し、採用しています。

大学との共同研究で快眠の度合いを数値で実証

快眠と健康促進についての科学的な研究を進めるため、大阪府立大学の健康科学研究室と提携して「ぐっすり研究所」という機関も設立しました。ある人から、同研究室の清水教永《のりなが》教授（現・名誉教授）と吉井泉准教授を紹介され、共同研究を行うことになったのです。

この研究所では、宿泊した人の唾液の変化を調べることで、スーパーホテルでは質の高い睡眠が得られることを科学的に検証しました。

人の唾液の中には、イムノグロブリンAと呼ばれる免疫抗体が含まれています。この物質は、細菌や外来異物を無毒化する役割を担うほか、ストレスに対しても一次的に反応します。つまり、この物質が増加していれば、ストレス解消やリラクゼーションの効果が出ていると考えられるわけです。

そこで、スーパーホテルに泊まった人と、あるシティホテルに泊まった人の唾液を調べ、イムノグロブリンAの変化を調べたところ、スーパーホテルに泊まった人の唾液では、宿泊前よりもイムノグロブリンAが大きく増加していましたが、シティホテルに泊まった人の唾液では、わずかな増加に留まっていました。

この結果、スーパーホテルに宿泊していただくとよりよく眠ることができ、リラクゼーション効果が得られることがわかったのです。

同じ人がスーパーホテルとシティホテルに泊まって、どちらが深く眠ることができるかという実験もやりました。脳波を測定した結果、スーパーホテルに泊まったときのほうが、深く眠っている時間が16分間長いことがわかりました。

一口に快眠といっても、科学的な根拠がなければ説得力に欠けますが、これらの実験では、スーパーホテルにお泊まりになると快眠が得られることが数値によって裏づけられたのです。

眠れなければ宿泊料金は返金

スーパーホテルでは、快眠のご提供に向けて努力を続けてきただけではありません。「宿泊品質保証制度」を採用し、「ぐっすり眠れなければ、宿泊料金は全額お返しします」と宣言しています。

もとよりビジネスの世界で約束違反はあってはならないことです。私たちは「ぐっすり眠れること」をお約束してホテルを営業しているのですから、これに違反したら、お客さまに宿泊料金をお返しするのは当然のことだと考えてきました。もちろん、スーパーホテルが確立した「快眠の形」については絶対的な自信をもってきました。

ただ、この「ぐっすり眠れる」という感覚は、お客さまによってそれぞれ感じ方が異なります。こちらが快眠をご提供したつもりでも、お客さまによっては「あまり眠れなかった」とお感じになることもあります。

とくに開業当初は、不満の声をよくいただきました。私たちは、お約束通り、宿泊料金をお返しし、その総額は月間200万円ぐらいに達していました。

ぐっすり眠れなかった理由で一番多かったのは、「枕が合わなかった」というものでした。7種類の枕をそろえた「ぐっすりコーナー」はこのことがきっかけで生まれました。

開業当時のスーパーホテルで使っていた枕は、市販の高級品でした。その後、中に特殊な素材が入っている枕に変えてみたところ、お客さまからご好評をいただき、

「ぜひ分けてほしい」といわれたこともありました。

けれども、世の中に万人向けの枕はありません。枕の好みは十人十色であり、上質で高級なものを用意したからといって、すべての人が気持ちよく寝られるとは限りません。枕には、その人に合った高さ・低さ、硬さ・柔らかさが求められるのです。

実際、「ぐっすり眠れる」をうたい文句にしていながら、「枕が合わない」という声をいただいていたのですから、枕には改良の余地があると考えないわけにはいきませんでした。

なんとかならないものか。そんな思いで試行錯誤を繰り返していたときに知ったのが、ピローフィッターという専門のアドバイザーの存在です。東京のある高級ホテルには、このピローフィッターが常駐しており、宿泊客の肩から後頭部にかけての湾曲の具合を測るなどして、その人に合った枕を届けるサービスをしていると聞きました。

もっとも、1泊数万円の高級ホテルならともかく、私たちのようなビジネスホテルで同じようなサービスを提供することはできません。ただ、このやり方は応用できると思いました。ピローフィッターを置くことはできなくても、お客さまに自分に合う枕を選んでもらえばいいと考えたのです。このアイデアが「ぐっすりコーナー」の設置につながりました。

「ぐっすりコーナー」は、棚の中に7種類の枕がぎっしり並んでいるようなつくりになっています。これをホテルのロビーに設置することについては、実は店舗の支配人たちから異論が出ました。「ロビーが不細工な感じになります」「お客さまをご案内する必要が生じ、フロントの仕事が増えます」といった反対の声が上がったのです。

ただ一人だけ、「面白そうですね」と興味を示したのは、大阪のある店舗の支配人でした。そこでその店舗で試験的に設置してみたところ、お客さまからの評判は上々でした。これはいけると思った私は「ぐっすりコーナー」の全国展開を決めました。

「ぐっすりコーナー」の設置によって、「枕が合わない」というお声が寄せられることはほぼなくなりました。自分で枕を選ぶという行為によって、お客さまは納得感を得られるようになり、それが快眠につながっているのかもしれません。

しかし、それでもときどきは、「隣に泊まっていた家族連れがうるさかった」といったクレームが寄せられることもあり、そういう場合は宿泊料金をお返ししています。現在、返金総額は月間7万円ほどにまで減りましたが、これをゼロにするために、今後も努力と改善を続けていかなくてはなりません。

お客さまの情報、声をITで一元管理。

サービスにITを徹底的にすり込みます。

ＩＴとおもてなしの心

スーパーホテルの経営を大きく特徴づけているのはＩＴだとよくいわれます。私たちは、シングルマンション事業を手掛けていた頃から、ＩＴに関しては身の丈以上の投資をしてきました。単身者は入居年数が短く、出入りが頻繁なため、部屋数が増えていくにつれて、管理が大変になったからです。

そのときに構築した空室管理のコンピュータシステムは、大手企業が見学に来るほど先進的なものでした。現在、スーパーホテルで使っているシステムも、当時のものがベースとなっています。

また、スーパーホテルでは、経理・総務部門でもＩＴ化を積極的に推し進めてきたため、ペーパーレス、キャッシュレスが非常に進んでいます。通常のホテルでは、現場にも経理・総務の担当者を置いているところが多いのですが、スーパーホテルの店舗に経理や総務の担当者はいません。支配人・副支配人と接客スタッフ、それにアルバイトだけで間に合っています。

ホテルでＩＴ化を進めるというと、温かみのあるサービスが失われるのではないかと思う人がいるかもしれません。しかし、そんなことはまったくありません。スーパーホテルでは、ＩＴを効率性アップと顧客満足度向上の両方に生かしています。

具体的な例で説明しましょう。

スーパーホテルでは、お客さまの情報をＩＴによって一元的に管理しています。予約時に入力される内容はもちろん、過去のご利用状況、禁煙フロアをご希望かどうか、お好みの枕のタイプ、領収書を必要とされるかどうか、といった情報はすべて全店舗で共有され、それぞれのお客さまに合ったベストな接客が可能になっています。

仮に、大阪の店舗によく泊まられている「田中様」というお客さまが、初めて東京の店舗をご予約されたとしましょう。宿泊当日、東京の店舗のフロントアテンダントは、「田中様、いつも大阪の店舗をご利用いただき、ありがとうございます」とご挨拶することができます。

田中様がいつも大阪で角部屋に泊まっておられれば、「本日も角のお部屋をご用意しておきました」と声をおかけすることもできますし、大阪で使われているのと同じタイプの枕をあらかじめご用意しておき、「お好みの枕をお部屋に置いてございます」

と付け加えることもできます。

つまり、田中様がスーパーホテルのどの店舗に泊まられても、リピーターのお客さまとしてお迎えすることができるのです。これが「ITをサービスにすり込む」ということです。

もちろん、ホテルのサービスには、人間にしかできないものもあります。スーパーホテルではスタッフをそのようなサービスに特化させ、顧客満足度の向上を図っています。

スーパーホテルの従業員が必ず身につけている「Faith（フェイス）」という小さなカードがあります。その中にサービススタンダードという項目があり、次のように記載されています。


〈私達は、お客様に元気なご挨拶と明るい笑顔、そして心のこもったおもてなしで、お客様に〝第二の我が家〟をご提供いたします〉

スーパーホテルでは、お客さまがホテルに入ってこられると、フロントアテンダントが「お帰りなさいませ」とご挨拶します。これは、お客さまにホテルを「我が家」と思っていただくために、ある店舗の支配人が始めたことで、今では全国のフロントアテンダントが同じように挨拶しています。

ただし、挨拶はおもてなしの入り口にすぎません。たとえば、外出先から雨に濡れてホテルに帰ってこられたお客さまがおられたとします。そんなとき、フロントアテンダントが「お帰りなさいませ」と一言お声をかけ、タオルを差し出す。これが、そのお客さまにふさわしいおもてなしです。

おもてなしは画一的なマニュアルではできません。マニュアルとは、単に間違えないためにあるもので、それ以上でもそれ以下でもないからです。

お客さまが望んでいることを察知して、さりげなく気を配る。臨機応変のスタンスを常に心がけ、何事もお客さまの身になって考える。こうした発想のもとになるのがおもてなしの心です。

スーパーホテルでは、すべてのスタッフがこの心を身につけることによって、お客さまに満足していただき、さらには感動していただこうと努めています。

おほめの言葉もクレームもすべて一元管理

ITをサービスにすり込むという意味では、「スーパーウェア」も役に立っているツールです。これは、お客さまから各店舗に寄せられるクレームやおほめの言葉を全社で共有し、ガラス張りにするイントラネットです。

このスーパーウェアを見れば、それぞれの店舗に寄せられたクレームを全社員が見ることができ、「自分たちも気をつけよう」と受け止めることができます。ある店舗がおほめの言葉をいただいたときは、他店舗でも「あのやり方をお手本にして自分たちもやってみよう」という動きが起きます。

また、店舗同士で困り事を相談し合うこともできます。

たとえば、敷地内にてんとう虫が飛んできて困っている店舗がそのことをスーパーウェアに書き込めば、他の店舗から「去年、うちでも似たようなことがあって、こういう殺虫剤を使ってみたらよく効いた」といったアドバイスが伝えられます。

こうした情報共有による学び合いや助け合いは、店舗の間に一体感を生み出し、スタッフのやる気を引き出します。ホテルで働くスタッフのモティベーションが上がれば、接客がよくなり、ひいては顧客満足度も高まるに違いないと私は考えています。

スーパーウェアを用いることで、お客さまにお答えいただくアンケートの結果も全店舗で共有できます。アンケートは、「身だしなみ、接客、朝食、クリンネス」に関する項目をそれぞれ4点満点で採点していただくもので、毎月約1万5000通のご回答をいただいています。

その結果はただちに集計され、全店舗の点数と順位が10日おきにスーパーウェアに表示されます。それにより、各店舗では、自分たちのサービスやおもてなしに対するお客さまからの評価を、他店舗と比較しながら確かめることができます。

本社の「お客さま相談室」に寄せられる年間3500件前後の生の声

もちろん、お客さまからのすべてのクレームに各店舗だけで対応していくのには限界があります。現場レベルだけで対応していると、ある店舗ではクレームをいただいてサービスを改善できたのに、他の店舗でまた同じようなクレームをいただいてしまうといった「モグラたたき」の状態も起こりえます。

また、クレームへの店舗の対応が悪かった場合は、2次クレームも発生しかねません。たとえば、「冷房の効きが悪い」というクレームをいただいたとき、従業員がうっかり「お客さまの操作の仕方が間違っています」などといってしまうと、「その態度は生意気だ」と怒りだしてしまうお客さまがおられるのです。

そのため、スーパーホテルでは本社にお客さま相談室を設け、フリーダイヤルでクレームやご要望を受け付けています。これもホテル業界初の取り組みです。寄せられる声は毎月300件ほどに達します。これらに一元的に対応することで、私たちはサービスの改善や接客レベルの向上を図っています。

相談室にオペレーターでは対応できないようなクレームが寄せられた場合は、責任者がお客さまにお会いしてお話しさせていただきますし、それでも解決しなければ、会長である私が出向きます。相談室に寄せられたお客さまの声をもとに実行した改善の例はホームページ上で紹介しています。

「お客さまは神様」という言葉があります。だとすれば、お客さまの声は「神様の声」です。ホテルのスタッフの意識を高めていくうえでも、サービスを向上させていくうえでも、神様の声は何よりもありがたい情報源なのです。

温泉が生んだダブル効果

スーパーホテル国内104店舗のうち、55店舗は天然温泉もしくは大浴場を備えています。最近は、温泉を目当てにスーパーホテルにお泊まりになる方もたくさんいらっしゃいます。

もっとも、私たちは最初から温泉付きのビジネスホテルをつくろうと考えていたわけではありません。きっかけのひとつは、私のちょっとした親孝行でした。体調を崩していた母親にプレゼントしようと思い、大阪の江戸堀で温泉を掘ってみたところ、いいお湯がわいたのです。

母は喜んでくれましたが、そこは商いの町・船場で育った女性です。「ひとり占めするのはもったいない。みなさんで使っていただけるようにしなさい」といいました。その一声がきっかけとなって、湯元「花乃井」スーパーホテル大阪天然温泉を開業する運びとなりました。

温泉付きホテルを始めたもうひとつのきっかけは、ドイツへの視察旅行でした。よく知られているようにドイツは医療先進国であり、予防医学が発達している国です。とくに私が興味をひかれたのは、温泉（スパ）が上手に活用されていることでした。ドイツに多いのは炭酸泉です。炭酸泉には、入浴すると血管が拡張して壊疽《えそ》が治るといったさまざまな効果が認められており、ドイツでは、人々が健康保険を使って、各地の温泉施設に無料で入ることができます。

このことを知ったとき、温泉に関しては、日本はむしろドイツより遅れているのではないかと私は感じました。温泉大国・日本でももっとやれることはあるのではないか。そんな思いを強くして帰国し、以来、温泉付きの店舗を増やしていきました。

現在の方針としては、客室数の多い大きな店舗では温泉を掘り、１００室ぐらいの小さな店舗では他店舗や源泉地から温泉水を運搬して使っています。

立地上、温泉を掘ることができず、他店舗からの運搬も難しい店舗では、大浴場を設置して人工の高濃度炭酸泉を使うようにしています。

「なんだ、人工か」とがっかりされるかもしれませんが、実はこの人工という点がミソなのです。というのも、炭酸泉には、温度を高くすると二酸化炭素が抜けてしまうという特徴があります。ドイツには高濃度の天然炭酸泉がありますが、水温は20度台とかなり低く、寒さに震えながら入らなくてはならないほどです（入ってしばらくたつと、血液の循環がよくなり、体が温まります）。

要するに、高濃度で温かい炭酸泉は人工でしかつくり出せないものであり、私たちはその点に価値を見いだしているのです。

ビジネスホテルでは、客室のスペースを考えると、浴室は小さめにつくらざるをえず、バスタブも限られたサイズになります。しかし、お客さまの中には「たっぷりのお湯につかりたい」「湯船の中で足を伸ばしたい」とお思いになる人が多いでしょうから、天然温泉や大浴場を設置すれば、顧客満足度は向上するだろうと思っていました。大きな浴槽でゆったりとした時間を過ごしていただけば、疲れがとれ、ぐっすり眠っていただけるに違いないという考えもありました。

しかし、温泉や大浴場を設置することによる効果は、それだけではありませんでした。お客さまが個別に客室で入浴されるよりも、大勢で使える温泉や大浴場をご利用していただいたほうが、ホテル全体としては水道使用量が低く抑えられるのです。設置時の初期コストは2000万円ほどかかりますが、稼働し始めると店舗全体のランニングコストは安くなります。温泉や大浴場をお客さまにご利用していただくことは、ホテルの生産性の向上につながるのです。

お客さまに高付加価値を提供しつつ、合理化を追求する。この掛け算を成り立たせるのが温泉（大浴場）付きというスーパーホテルの新たな形です。しかも、こうした取り組みは、時代が求め始めた「エコの精神」にかなうものでもあります。

お客さまと一緒にエコ活動

スーパーホテルの各店舗では、2002年から、環境マネジメントシステムの国際規格であるISO14001の認証を順次、取得してきました。

環境方針としては、①水道使用量の削減、②電気使用量の削減、③再生紙使用の推進、④紙使用量の削減、⑤ゴミ発生量の削減の5点を掲げています。

ホテルという業種でISO14001を取得することについては、私の中に迷いもありました。一般的にいって、ホテルはお客さまが「非日常のラグジュアリー（ぜいたく)」を楽しむ場所です。お客さまは家庭での日常を離れてホテルに泊まっているわけですから、電気や水はぜいたくに使いたい、歯ブラシ・シャンプー・せっけんなどのアメニティグッズも使い捨てがいいと考える人も多くいらっしゃるでしょう。

しかし、スーパーホテルは創業以来、非日常のラグジュアリーを追求してきたわけではありません。大理石張りのロビー、豪華な客室やソファ、ジャグジー付きのバスルーム、天蓋付きのベッド、そういったものはシティホテルに任せておき、私たちは「安く泊まれて、ぐっすり眠れる」という独自の路線を開拓してきたのです。そうした方針に合うぜいたく、つまり「日常のラグジュアリー」とは、やはりエコの精神なのではないかと私は考えました。

環境保護活動家で2004年にノーベル平和賞を受けたケニアの女性、故ワンガリ・マータイさんが来日した際、日本語の「もったいない」という言葉に感銘を受けたという話はよく知られています。彼女は「MOTTAINAI」を世界共通語にしようと提唱しました。

この言葉は、「Reduce(ゴミ削減)」「Reuse(再利用)」「Recycle(再資源化)」という環境活動の「3つのR」を一言でいい表しているだけでなく、かけがえのない地球資源に対する「Respect（尊敬）」の意味も含んでいると彼女は語っていたそうです。

私もマータイさんの考え方には賛同しますし、「もったいない」はスーパーホテルのビジネスコンセプトともよく合うのではないかと思っています。

環境への取り組みは、ホテルにとって負担になります。ISO14001の認証を取得すると、支配人は各種の報告書を作成しなければならなくなり、手間をとられます。けれども、いざ始めてみると、現実にゴミが減少し、水道・電気使用量の減少が数字として表れてきます。そうすると、スタッフはその効果に手ごたえを感じ、気持ちがよくなるようです。

最近では、お客さまにご協力いただくエコ活動も始めています。

①客室にある歯ブラシを使わずに、フロントに返却していただく
②「マイ箸」をフロントに提示していただく
③チェックインの際、「翌日の清掃は不要です」と申し出ていただく（連泊のお客さま限定）

このうちのどれかを実行していただくと、ホテル側からお礼として、地元のお菓子やミネラルウォーターといったささやかなプレゼントをお贈りしています。このサー

ビスは「エコひいき」と名づけました。

お客さまとともに二酸化炭素（CO^2）の排出量を削減する取り組みも進めています。スーパーホテルでは、節水型シャワーヘッドや防音・断熱のための二重ガラス、省エネタイプの電球を使ったり、バスタブに満水ラインを表示したりすることで、以前と比べてCO^2の排出量を32％削減してきました。

これをさらに推し進めようとスタートさせたのが「エコ泊」です。お客さまが当社の公式ホームページからインターネットで予約していただくと、お1人様が1泊することで発生する二酸化炭素4・93キログラムを100％、途上国でのクリーンエネルギー事業や森林整備事業を通じてオフセット（相殺）するようにしています。その費用は私たちが負担します。

スーパーホテルのお客さまのうち、公式ホームページ経由で予約される方の割合は34％を占めており、これらの方々すべてにエコ泊は適用されています。

エコ泊をしてくださったお客さまにはカードをお渡しし、1泊につき1個、スタンプを押します。スタンプが3個たまった方には、次回の宿泊時に1000円をキャッシュバックします。そうやって、エコを提唱するスーパーホテルとお客さまの「同志の輪」を広げていこうとしているのです。

エコ活動からロハスブランドの確立へ

エコの精神を追いかけていくと、「ＬＯＨＡＳ（ロハス）」に行き着きます。ご存じの方も多いでしょうが、「ＬＯＨＡＳ」とは「Lifestyles of Health and Sustainability」の略であり、健康と環境を意識し、持続可能な社会を志向する生活様式のことをいいます。

この考え方をホテルでも実践しようと、スーパーホテルではロハスを全面的に打ち出した店舗を出店しています。２０１３年８月、東京駅前にオープンした「スーパーホテル Lohas 東京駅八重洲中央口」もそのひとつです。同店では、ホテル全体が節電・節水仕様になっているのはもちろん、客室の壁紙にはケナフを、天井には調湿・消臭効果のある珪藻土を使っています。屋上には太陽光発電設備があり、１階部分の照明を点灯できるぐらいの電力をつくれます。

また、スーパーホテルでは従来から、焼き立てパンやおかずの素材にこだわったバイキングスタイルの「健康朝食」をご提供してきましたが、この八重洲中央口店では趣向を変え、豆腐と湯葉を中心としたロハススタイルの朝食を有料でお出ししています。

人がしあわせを感じると、脳内に至福のホルモンが分泌されるといいます。シティホテルに泊まり、「非日常のラグジュアリー」を味わえば、きっと至福のホルモンが分泌されることでしょう。

他方、スーパーホテルで環境に優しい宿泊をし、健康にいい食事をとられたお客さまの脳の中でも、至福のホルモンは分泌されるはずです。私たちはそのようにして「日常のラグジュアリー」を提供したいのです。

団体客より一人ひとりのお客さまを大切に

スーパーホテルは、主として男性ビジネス客のリピーターにご愛顧いただいてきました。しかし、最近は女性や家族連れのお客さまも増えています。

現時点で、すでに女性のお客さまの割合は全体の30％ぐらいに達しています。東京駅八重洲中央口店ではお客さまの5割が女性です。働く女性は今後さらに増えていくでしょうから、私たちも女性の方々に満足していただけるホテルづくりを念頭に置くようにしています。

現在は、女性客に対して、アメニティグッズの5点セットを「レディースグッズ」としてプレゼントしています。グッズの中では、オリジナルオーガニックアメニティ、AROMAROSAのスキンケアやゲルマ酵素入浴料などがとくに喜ばれているようです。

一部の店舗でバスルームの水や飲み水として使っている「健康イオン水」も、女性には人気です。この水は特許技術によって分子運動を活発化させたもので、健康維持やリラクゼーションの効果が検証されています。

家族連れのお客さまは、お盆のシーズンなどによくスーパーホテルをご利用になります。かつてはお盆の時期になると、ビジネスホテルは閑古鳥が鳴いていましたが、最近は事情が変わってきました。帰省先でずっと実家にいるのではなく、ビジネスホテルにも宿泊しながら滞在を楽しまれる人たちが多くなってきたのです。観光旅行のためにスーパーホテルに連泊される家族連れも目立つようになりました。

そのため、スーパーホテルでは、通常のダブルベッドの上部にシングルベッドをひとつ設置した「スーパールーム」というロフトタイプの客室をつくっています。すべての店舗でご利用いただけるわけではありませんが、ご利用が可能な店舗では、原則として大人2人・子ども1人で宿泊していただけます。料金は8200円からとなっており、もちろん、朝食付きです。

また最近は、喫煙されない方やお子様に配慮して、店舗内に禁煙フロアや禁煙ルームを設けるようにしていますし、全館禁煙の店舗も出店しています。禁煙館は今後も増やしていく方針です。

ビジネス客同様、観光地に来られる家族連れも、ホテルの部屋に滞在する時間はそう長くありません。だったら、豪華なシティホテルに泊まって高額の宿泊料金を払うより、低価格のホテルでぐっすり眠れたほうがいいと考えるのは合理的な発想でしょうし、観光目的でスーパーホテルをご利用になる方々が増えていることは、私たちにとってもうれしいことです。

ただし、スーパーホテルでは、原則として20名様以上の団体客には宿泊をご遠慮いただいています。それは、一人ひとりのお客さまへのおもてなしを大切にしたいからです。

団体客でにぎわうホテルや旅館では、お一人や夫婦連れの宿泊客が戸惑っている姿をときどき見かけます。スーパーホテルでもかつて外国人の団体様をお泊めしたことがありましたが、天然温泉に下着のまま入られたり、部屋の扉を開けっぱなしにして大きな声で話をされたりしたため、常連のお客さまからお叱りの声をいただきました。

団体客を多く受け入れれば、効率的に売上げを伸ばすことができるでしょうが、それ以外の一人ひとりのお客さまの満足度は下がる可能性があります。これはスーパーホテルの考え方に反します。

私たちは、一度に20の客室が埋まることよりも、1人のお客さまにリピーターになっていただき、20回宿泊していただくことを願っています。あるいは、リピーターのお客さまにあちこちでスーパーホテルを勧めていただき、新たなお客さまが20人、30人と増えていくことを願っています。それが、私たちが描く理想のホテルの姿だからです。

金井壽宏教授の考察

ロバート・K・マートンは機能を果たさなくなっているのに残っている非合理的なものを「機能的残滓」と呼んだ。「あって当たり前」とされている設備やサービスの根本を疑い、それらを除去する発想を誰もがもてるとは限らない。

心の通った合理性

スーパーホテルのビジネスモデルを貫くキーワードは、「合理性」だと思う。合理化とはやや不幸な言葉でもあって、人員削減のことを婉曲に表現するときにも使われたりする。そのため、この言葉にネガティブなニュアンスを感じる人もいるだろうが、本来は「目的に沿った正しいことをする」という意味だ。

社会学では、「存在するものは何らかの機能を果たしている」という機能主義的な考えがあるが、世の中には、もはや機能を果たさなくなっても残っているものもある。そのようなものをロバート・K・マートンは「機能的残滓」と呼んだ。

たとえば、ホテルの客室に引かれた固定電話はそのひとつだろう。ベッドの脚もそれに当たるかもしれない。チェックアウトという手続きも、できることなら朝のフロントの混雑を考慮するならば、なくしてしまったほうがいいようにも思える。

しかし、ベッドに脚はあって当然、支払いはチェックアウト時でないと無理と、みんなが思ってきた。

機能的残滓を除去するという発想は、誰もがもてるとは限らない。「あって当たり前」とされている設備やサービスの根本を疑い、「本当に必要なのか？」という観点で見つめ直さなければ、山本会長が成し遂げ、さらに向上をめざす真に合理的なホテル経営はできない。

神戸大学で長く教授を務めた吉原英樹先生は、優れた企業は、一見「バカな」と思ってしまうぐらいユニークで、よく聞くと「なるほど」と腑に落ちるような経営を実行していると説いた（『「バカな」と「なるほど」——経営成功のキメ手！』同文舘出版、1988年）。この考え方を広めるために、「バカなる」という略語をつくった私の同僚もいる。

スーパーホテルのビジネスモデルには、この「バカなる」が随所に見られる。それはひとつには、山本会長が異業種からホテル業界に入ってきた人だからだろう。新規参入者は顧客の視点に立って物事を考えるがゆえに、既存のビジネスをラディカルに見つめ直すことができる。合理的発想はそこから生まれる。

しかも、スーパーホテルは、ホテルビジネスを合理化しているだけでなく、心のこもったおもてなしを宿泊客に提供することで、生産性と顧客満足を両立させている。

これを「掛け算の経営」と山本会長は呼ぶが、「心を通わせた合理性の経営」と読み解くこともできる。

コンセプトがあるから切り捨てられる

「不要と思われるものは勇気をもってそぎ落とす」「なくなっても、100人のお客さまのうち1人しか困らないサービスは切り捨てる」と、山本会長は自信をもって語る。それができるのは、スーパーホテルのコンセプトが明確だからでもあるだろう。

かつて伊丹敬之《ひろゆき》先生（一橋大学名誉教授）が企業の研修の場で、「事業コンセプトがあるということは、効果的に切り取ることができているということです」と述べておられたのを思い出す。

何を切り取り、何を切り捨てるか。快眠をサービスのコアとして切り取り、焦点を定めたので、それ以外のものはラディカルに切り捨てた。

スーパーホテルのコンセプトは、もちろん「ぐっすり眠れる」であり、ビジネス客に快眠を提供するホテルだということがはっきり示されている。だからこそ、思考がシステミックになるのだし、現場も迷わない。

ホテルは眠るための場所だというとらえ方も、考えてみれば当たり前で、とくにビジネス客はホテルにいる時間の大半を睡眠のために費やす。出張先での仕事を終え、一杯飲んでホテルに入り、そのままベッドにもぐり込んで朝を迎えたといったことは、多くのビジネスパーソンが経験しているに違いない。

しかし山本会長の言によれば、スーパーホテルが登場するまで、快眠にこだわったホテルは存在しなかったのだという。そのくらい、このコンセプトは斬新だったのだ。

こだわりの背景にある配慮とネットワーク

スーパーホテルの快眠へのこだわりは徹底している。とりわけ「ぐっすりコーナー」のエピソードはそのことをよく物語っている。

眠れなかったとき、人はしばしば「枕が合わなかった」というけれども、枕のせいで眠れなかったという因果の帰属は正しいとは限らない。原因帰属の誤謬《ごびゅう》に関する心理学の研究が明らかにしているように、人は、物事がうまくいかなかったときは環境のせいにしがちで、逆に物事がうまくいったときは自分が正しかったからだと思いたがるものなのだ。

だから、7種類の枕を用意するというのは理にかなった方法で、宿泊客に自分で枕を選んでもらえば、そこに選択の余地が生じ、たとえぐっすり眠れなかったとしても環境（枕）のせいにはしづらくなる。自ら枕を選ぶという行為そのものが一種の就眠儀礼となって、快眠が得られる可能性もある。

いずれにせよ、眠りにまつわるクレームは大幅に減ったというのだから、このコーナーがもたらした効果は大きい。

リーダーシップ論には、リーダーにはフォロワー一人ひとりに対する「個別配慮」が求められるという考え方があるが、「枕の好みは十人十色」という山本会長の言葉からは、顧客に対する個別配慮の姿勢も感じられる。

快眠の度合いを数値で実証するという徹底ぶりにも驚かされた。管理会計の研究者などは「測定できないものは制御できない」とよくいう。英語で短く「ノーメジャー・ノーコントロール（no measure, no control）」と表現する人もいる。

それにならっていえば、快眠という、いかにもコントロールしづらそうなものを、スーパーホテルは数値で測定することによってコントロールしようとしており、科学的知見を得るために、大学との共同で研究所まで設立している（次章で紹介されるが、シングルマンションを手掛けておられた頃にも、大学と共同で工法を開発されている）。

おそらく山本会長は、人とのネットワークづくりに長けているのだろう。社会学者マーク・グラノベッターは、家族や親友のように強い絆で結ばれているネットワークよりも、たまに会う程度の知り合いのような弱いつながりからのほうが有用な情報がもたらされることが多いと考え、「弱い紐帯の強み」という説を唱えた。

強いネットワークの輪の中にいる人たちが持つ情報や発想は似通ってしまうことが多いが、緩やかな紐帯で結ばれている人たちは、お互いによりレパートリーの広い情報や意外な発想を共有できるからだ。

山本会長は、一方で強い大切な絆も大切にされつつも、この「弱い紐帯」も大切にしている人のように想像される。だからこそ、知り合いのつてをたどって大学関係者と出会うこともできたのだろうし、そこからの情報をうまく活用することもできているのだと思う。

数字と夢と理想を追う経営

本書の全体を通じていえることでもあるが、山本会長のお話には数字やデータが頻繁に出てくる。

たとえば、会長は、ぐっすりコーナーの設置によって、月々の返金額が約200万円から約7万円に減ったと明かしてくれたが、このエピソードからわかるのは、スーパーホテルでは宿泊客の眠りにまつわる不満の大きさがお金に換算できているということだ。つまり、この返金システムは、スーパーホテルにおける計数管理の一端を示している。

ベッドの脚をなくした際のエピソードも、それによって、清掃にかかる時間が1部屋当たり約1分、最初の実験をした店舗全体では約91分短縮されたという部分にこそ、スーパーホテルらしさが表れている。

また、数字がすべて頭に入っていらっしゃるようで、このようなやりとりのすべてで、具体的な数値がぱっと示されることが、対話の中で何度もある。

もちろん、計数管理の本質は、一般的には利益の確保であり、やるからにはとことんやることが求められるが、スーパーホテルの場合、単に数字でギリギリと管理するというよりは、宿泊客のため、働く人たちのためを思ったやり方でなされている。だから、こうしたエピソードを披露する山本会長の語り口には冷たさがなく、人間主義がそこはかとなく感じられる。数字を大切にする経営と、夢や理想を追求する経営が矛盾せずに両立することを、山本会長が身をもって証明しようとしていることが伝わってくる。

さて、次章では、スーパーホテルの戦略と理念についてうかがう。山本会長の語りに再び耳を傾けたい。

PART 2

戦略実現と理念浸透の両方を支える仕組みづくり

新規事業を始めるときは、
プレッシャーがきつくのしかかります。
自分の戦略を信じるというより、
すがりつきたくなります。

スタートは不動産ビジネス

私はもともとホテル経営のプロではありませんでした。1967年に25歳で実家の繊維商社を継ぎましたが、訳あって会社をたたむことになり、不動産賃貸業を始めました。

先代の父は、石橋を叩いても渡らないような手堅い経営をしてきたため、会社には十分な資産が残っていました。それで手始めに、本社があった場所に鉛筆みたいな細長いビルを建ててみたところ、すぐに借り手で埋まりました。

不動産賃貸業は、大きな利益を望まなければ手堅い事業です。その意味では気楽な商売といえないこともないのですが、半面、経営していて刺激に乏しいところがあります。

しかしながら、オフィスビルは当時から大手資本がほぼ独占しており、私たちがこれ以上、手を広げられるような状態ではありませんでした。一戸建て住宅や大型マンションも販売競争が激しく、新規に参入した業者が入り込んでいく余地はあまりなさそうに見えました。

自分の身の丈に合っていて、なおかつ将来性の見込める商売はないものか。そんなことを考えていた頃のことです。たまたま英字新聞を読んでいたら、「米国では家族世帯の割合が50％を下回った」という記事に目が留まりました。

確かロサンゼルスの話だったと記憶していますが、女性の社会進出が進んだことで結婚年齢が上がり、また離婚するカップルも増えたりしたため、男女ともに独身の人が増えていると書かれていました。単身者の多くは仕事と文化的な刺激を求めて都市部に集まる傾向があり、シングル層を対象とした市場が広がり始めているといった分析も添えられていました。

この記事を読んだとき、「日本もいずれはそうなるに違いない」と直感しました。それで単身者向け賃貸マンション（シングルマンション）の事業を思いついたのです。

当時は1970年代の初頭でしたが、若者が都会でマンションに住むというライフスタイルは、日本ではまだなじみがありませんでした。そもそも大阪では、集合住宅といえば木造の文化住宅くらいしか建っていませんでした。

そこで私は、今でいうワンルームマンションの木造版を試しに大阪市の東住吉区に建ててみました。クリスマスケーキの上にのっているお菓子の家のようなデザイン、1階に4室、2階に5室ある共同住宅です。キッチン、バス、トイレ付きで、家賃は1万～2万円に設定しました。すると、学生や女性にとても受けて、すぐに満室になりました。

その頃の単身者の住まいは、大家さんの持ち家である一軒家の一室に間借りする下宿のスタイルが一般的でした。それに比べると、バスとトイレが付いている個室で暮らせて、自由な空間を確保できるシングルマンションのスタイルは、かなり斬新なものだったようです。

ライバル会社がいなかったこともあり、シングルマンション事業は好調に動きだしました。始めてから5年ほどで2000室を保有するまでになり、1年間に30棟を建設した年もありました。

その間、建設コストを下げるため、近畿大学の故・須賀好富教授と共同で独自の工法も開発しました。施工現場には鉄骨を立ち上げておき、工場でバスやトイレも組み込んだ部屋をつくって現場に運び、はめ込んでいくユニット工法です。これにより、工期が大幅に短縮でき、建設コストも2～3割低く抑えられるようになりました。しかも外観は若者向けのしゃれたデザインにしたため、ローコストでハイクオリティな建物をつくることができました。

ウィークリーマンションの中止を余儀なくされホテル経営へ

シングルマンションは、最盛期には6000室を保有するまでになりました。全国展開を狙って東京や博多にも支店を出しました。単身者からの需要は増えており、その流れにうまく乗ることができました。

けれども、悩みがなかったわけではありません。建物を直接、徹底的に管理するのが私のポリシーでしたので、事業を全国に展開し始めると、本社・支店・現場というふうに管理上の階層が3つになってしまいました。これでは間接経費がかさみ、利益率が思うように上がりません。

そのことを歯がゆく感じた私は、ウィークリータイプのマンションの事業を大阪で始めました。週単位で貸し出すマンションであれば、現場に管理人を置くだけで運営でき、支店が介在する必要はないと考えたからです。

ところが、ここで思わぬことが起きました。東京のある会社から内容証明で文書が送られてきたのです。

その会社は全国で週貸しのマンション事業を展開しようとしており、「ウィークリーマンション」の商標登録を取っているとのことでした。つまり私たちにウィークリーマンションという言葉は使わせないと通告してきたわけです。

これには驚きました。取り急ぎ、弁護士にも相談してみましたが、「裁判で争えば負けるでしょう」と助言されました。先方は全国でかなり多く土地を取得しているから、おそらく和解にも応じてくれないだろうというのです。

さて、どうしたものか。そんな思案をめぐらしていたとき、私の頭の中に浮かんだのが、ホテル経営でした。ホテルなら、今までに培ったノウハウを生かしつつ、新たな分野を切り開けるのではないかと思ったのです。

実は、スーパーホテルは、私が手掛けた最初のホテルではありません。それよりも先に、熊本県の水俣市や岡山県の倉敷市で「ホテルリンクス」という名称のビジネスホテルを稼働させていました。

といっても、このホテルリンクスは、今のスーパーホテルのようなしっかりとしたコンセプトをもたせて始めたものではありませんでした。景気もいいことだし、ホテルでもやってみようかと軽い気持ちで建ててみたのです。

ただ、通常のビジネスホテルとは違っている点もあり、それは、駅前や繁華街にではなく、工場地帯の中に建てたことでした。以前、米国に視察旅行に行った折に、工場付近の辺ぴな場所に立地している宿泊特化型のホテルを見たことがあり、ビジネス客によく利用されていると聞いていたからです。

水俣では市の助役さんが「本当にこんな場所に建てて大丈夫ですか」と心配していましたが、私は不安を感じてはいませんでした。ホテルはお客さまの足元につくるべきだと信じて疑わなかったからです。

ホテル・旅館業界の構造変化を読み取る

もっとも、ホテルリンクスとは別に新たにビジネスホテルを始めるとなると、ありきたりなやり方ではインパクトに欠けるし、「安かろう、悪かろう」ではリピーターの獲得はおぼつかないと思いました。ホテルとしてのコンセプトをより明確にし、戦略を練っていく必要があると考えたのです。

そのため、私はホテルや旅館業界について一から調べてみることにしました。すると、興味深いことがわかったのです。

当時、日本国内のすべてのホテルと旅館の客室数を合わせると、その数は約150万室ありました。旅館が110万室、ホテルが40万室ぐらいです（旅館には温泉旅館もビジネス旅館も含まれます）。そして、全体の約150万室という数字は、数年にわたって変化していないものの、旅館の客室数は年々減り、ホテルの客室数は徐々に増えていました。

旅館の客室数が減っていった原因は、主として後継者問題でした。旅館は家族経営が多く、その場合は、親から子どもへと代替わりしなくてはなりません。しかし、事業承継がなかなかうまくいかないのです。

たとえば、大学を出て都会で働いている息子が後を継ぎたがらないとか、息子と結婚した嫁がおかみの仕事をしたがらないといった理由で代替わりができず、廃業に追い込まれていく旅館が多くありました。

私が学生の頃は、東京の新宿駅辺りにはたくさんのビジネス旅館が建ち並んでいましたが、ああいった形態の商売はすでに過去のものとなりつつありました。そして、代わりに増えていたのがビジネスホテルだったのです。

こうした構造変化を読み取ることができたとき、ホテルのビジネスには可能性があると私は思いました。旅館・ホテル業とひとくくりで見ると、その市場はすでに成熟していましたが、今後も旅館がどんどん減っていく分、ビジネスホテルにはまだかなりの伸びしろがあるだろうと読めたのです。

ちなみに、現在の旅館とホテルの客室数を比較すると、旅館が約76万室まで減ったのに対し、ホテルはそれを上回る約80万室にまで増えています。かつてと比べて、ホテルの客室数は倍増しています。

シングルマンションのノウハウを生かす

ホテルをやろうと思い立ったときから、私は宴会や飲食には手を出さないと決めていました。そのような部門に力を入れても、伝統のあるホテルにはかないません。ビジネス客にターゲットを絞り、宿泊に特化したホテルをやってこそ勝ち目があると、当初から考えていました。

「ぐっすり眠れる」というコンセプトも、ごく早い時期に明確にしました。前章でも述べましたが、大手のシティホテルでさえ、睡眠というものをさほど追求していないと思われたからです。

おそらく、従来のホテルは、お客さまからの睡眠にまつわるクレームをあまり受けたことがなかったのでしょう。なぜなら、たいていの人は、たとえホテルでぐっすり眠れなかったとしても、あえてホテルに苦情をいったりはしないからです。そんなことをいっても気分が悪くなるだけですから、たいていの人は「もうここには泊まらないようにしよう」と思いつつ、ホテルを後にするに違いありません。つまり、睡眠は不満になりにくいのではなく、クレームになりにくいのです。

しかし、シングルマンション事業は違います。私たちは、睡眠にまつわるクレームを居住者の方たちからたくさんお寄せいただき、その度に対応してきました。ですから、睡眠に関しては、私たちのほうが一日の長があると思えたのです。

当初の「1泊朝食付き4980円」の値付けの根拠

シングルマンションのノウハウの中には、ほかにもビジネスホテルに生かせそうなものがありました。

たとえば居住性に関するノウハウです。シングルマンションの部屋は、ビジネスホテルの客室同様、ワンルームです。けっして広くはありませんが、その限られた空間を少しでも広く快適に感じてもらうために、いかにして体を移動させやすいデザインにするか、といったことを私たちはさんざん考え抜いてきました。このノウハウは必ずやビジネスホテルの客室デザインにも応用できるはずだと思いました。

また、空室管理などのために構築したＩＴシステムや、マンションに管理人を常駐させるというやり方も、そのままホテル経営にもち込めるだろうと予想しました。

当初の「1泊朝食付き4980円」という料金も、シングルマンションの家賃を参考にはじき出したものです。マンションを1年間借りる場合にかかるお金と、ホテルに1年間泊まっていただく場合にかかる料金とがほぼ同額になるような単価を割り出してみたところ、それが「4980円」だったのです。

シングルマンションの家賃は一見安いように思われますが、契約にあたっては敷金や礼金が必要となりますし、新規に家具類を購入するためのお金もかかります。1年間暮らすのであれば、その間の電気代、ガス代、水道料金もかかります。

ですから、それら一切を足した額と、ホテルに1年間お泊まりいただく場合の料金総額がほぼ同額になれば、ホテルに泊まったほうがお得ということになります。マンションを借りると、契約者は自分で部屋を掃除しなくてはなりませんが、ホテルではその必要はなく、しかも朝食付きであれば、1食分の食費も浮くからです。

ホテル事業への移行期にバブル崩壊

新規事業を始めるときは、プレッシャーがきつくのしかかります。考えに考え、計算に計算を重ねても、いざ飛び出すとなると勇気がいります。時代の流れを読み、人の動きを感覚的にとらえているつもりでも、ふとしたときに不安が首をもたげてきます。自分の戦略を信じるというより、すがりつきたくなります。

加えて私たちは、ホテル事業への移行期にバブル崩壊という危機にも見舞われました。きっかけはいわゆる総量規制でした。

1990年3月、当時の大蔵省から金融機関に対して、不動産価格の急騰を鎮静化させるための指導が行われました。これにより、銀行は手のひらを返したような態度をとるようになりました。それまでは、こちらが頼みもしないのに大金を融資してくれていたのに、いっせいにその返済を求めてきたのです。

仕方なく、私たちは、6000室あったシングルマンションの土地と建物をほとんど売り払い、管理業務だけに専念することにして、急場をしのぎました。それでなんとか銀行からの借金はすべて返すことができましたが、社員には大変な苦労をかけました。

しかし、バブルの崩壊によって見えてきたこともありました。それまでの不動産業はインフレ先取りのビジネスでした。土地を買って保有しておけば、日本経済の成長と地価の上昇にともなって、楽に利益を手にすることができました。

けれども、バブル崩壊によってそういう時代は終わりました。モノやサービスをいかに安く提供するかで勝負するデフレ先取りの時代がやってきたのです。

デフレ先取りの戦略

こうした時代の変化は、私たちにとってチャンスでした。当時、日本のビジネスホテルは1泊7000~8000円がふつうで、海外にある同種のホテルに比べて料金が割高だったため、そこに1泊4980円の宿泊特化型ホテルを売りにして飛び込んでいけば、業界に価格破壊を起こせると思いました。

ただ、問題はホテルの用地をどうやって確保するかでした。スーパーホテルは土地や建物を保有しません。ホテルの立地に適した土地を探し出し、オーナーさんを説得してホテルを建ててもらい、運営は私たちが行うというのが基本的なやり方です。その場合、オーナーさんに対して売上げの中から家賃を払います。

したがって、ホテルを出店するにあたっては、まず土地探しにとりかからなくてはなりませんが、これにはとても苦労しました。

ビジネスホテルを全国に展開するとなると、以前のホテルリンクスのように工場地帯だけに建てるというわけにはいかず、やはり、ある程度、便利な場所に出店していく必要があります。

ところが、便利な場所の土地にはたいてい抵当権が付いていました。バブル期に銀行が地主さんに大金を融資し、そのまま焦げついているケースが多かったためです。そんな土地の持ち主にさらに借金をしてもらい、ホテルを建ててもらうことなどとてもできません。

では、担保に入っていないきれいな土地がなかったのかというと、ある所にはあったのですが、借りるのはとても困難でした。なぜなら、そういう土地のオーナーさんはきわめて慎重な人たちだからです。バブル景気にも踊らされず、先祖から受け継いだ土地をしっかり守ってきたような地元の名士、地域に根差して堅実な事業を続けてきた中堅企業経営者、そんな人たちにいきなりホテル建設をもちかけても、なかなか首を縦には振ってくれませんでした。

私たちは、有望な土地を少しずつ見つけていっては、オーナーさんと話し合いました。その多くは、いったんホテルを建ててしまうとほかに転用しづらくなることや、ビジネス上のリスクを心配しておられました。

私たちはあきらめず、ホテル業は永続的に地域に貢献できること、ビジネスホテルの経営は、大手企業ではなく中堅企業にこそ向いていること、中でもスーパーホテルは、顧客を絞り込んで宿泊に特化した最先端のホテルであって将来性が見込めることなどを強調しました。

そして粘り強く説得し、1件ずつ交渉をまとめていきました。

1996年1月、スーパーホテル1号店は福岡市・博多にオープンしました。開業に先立って「スーパーホテル」の商標登録を取ったことはいうまでもありません。建物には、黄色とブルーという派手な2色からなる看板を掲げました。

できるだけ目立つようにと考えたからでもありますが、経済学者シュンペーターのいう「創造的破壊」を象徴するような色を打ち出したかったからでもあります。

無人フロントに保健所がストップ

スーパーホテルでは、博多の1号店がオープンしたときから、ノーキー・ノーチェックアウトのシステムを採用しています。

しかし当初は、フロントを完全に無人状態にして運営するつもりでした。お客さまに自動チェックイン機を操作していただく様子を店舗のカメラで写し、本社のモニター画面で確認できるようにすれば、フロント係を置く必要はないと考えていたのです。自動チェックイン機は屋外にも設置するつもりで、夜間に来られるお客さまがそこでチェックインすれば、ホテルのエントランスが解錠されるという仕組みも考案していました。この完全無人システムでビジネスモデル特許も取得しました。

ところが、オープン間際になって、保健所からストップがかかりました。旅館業法で、フロントでは係員が宿泊人と「面接」しなくてはならないと定められているというのです。

特許庁はビジネスモデル特許を出してくれているのに、保健所から横やりが入るとはおかしな話だと思いましたが、役所のいうことですから、従わないわけにはいきません。フロントには、お客さまがチェックイン機を操作するのを手伝うアテンダントを配置することにしました。それにより、当初は人件費を通常より5割削減できると想定していたのが、3割減の見込みになりました。

が、結果的にこの判断は正しかったのです。私たちは、ノーキー・ノーチェックアウト用のシステム開発を、最初は地元福岡にある大手のソフトウェア会社に依頼しました。

けれども途中で事情が変わり、別の会社に発注し直してシステムを完成させました。

すると、意外なことが起きました。私たちがフロントの無人化を断念した後、福岡のソフトウェア会社は、旅館業法に抵触しない形でフロントを無人化する方法を独自に考え出したのです。それは、事前に宿泊客を会員に登録しておき、無人のフロントで自動チェックイン機を操作してもらうというやり方でした。そうすれば、チェックイン時に「面接」をする必要はなくなるというのです。

そのソフトウェア会社は、大手企業の資金援助を受け、フロントの無人化を売り物にしたホテルを同じ博多に出店しました。そのことを新聞記事で知ったとき、私は驚くというより、「頭がええなあ」と感心したものです。

しかし、そのホテルは1店だけで消えました。フロントを無人化することで人件費を大幅に減らすという彼らの狙いはものの見事に外れました。無人のフロントはお客さまに喜ばれなかったのです。

おそらく、スーパーホテルが最初にフロントを無人化できていたとしても、結果は同じだったでしょう。サービス業は生産性を追うだけでは成功しないということを、この出来事は私たちに教えてくれました。

稼働率の伸びがぴたっと止まった。

経営理念が現場に
まったく浸透していない状態でした。

ニュースが火付け役に

スーパーホテル1号店のすべり出しは、必ずしも順調とはいえませんでした。博多はビジネスホテルの激戦区です。しかし、私たちの博多店は、大通りから脇に入った1・5等地にあり、あまり立地に恵まれていませんでした。また事前のPR不足もたたって、客足はなかなか伸びず、お客さまからの評価も当初は賛否両論でした。

困った私はしょっちゅうフロントの周りをうろうろしていました。すると、声をかけてきた人がいました。宿泊のお客さまではありません。NHK福岡放送局の記者で、スーパーホテルに興味があるらしく、たまたま立っていた私に話しかけてきたのです。

私も暇でしたから、2人並んで缶コーヒーを飲みながら、長い立ち話をしました。記者はかなりの旅行好きのようで、休みになると、海外に行ってレンタカーを借りて旅をしているとのことでした。海外には安く便利に泊まれるホテルがあり、スーパーホテルはそれに似ているといってくれました。

後日、その記者は再び現れ、正式な取材をしたいと私に告げました。私は協力することにし、半日ぐらいかけて撮影してもらいました。その結果はローカルニュースで放送されました。とはいえ、2、3分の短いニュースにまとめられていたため、私としてはいささか拍子抜けしました。

ところが反響は小さくありませんでした。同業者が続々と1号店の様子を見にやってきて、それから宿泊客が徐々に増え始め、やがて稼働率は合格ラインの78%を超えるまでになりました。気をよくした私は、引き続き店舗を増やしていきました。

売上至上主義ではなく理念浸透主義の経営へ

当初は、出店もおおむね順調であり、デフレ先取り戦略は当たったかに見えました。しかし、店舗の数が30を超えたあたりから、だんだん雲行きがあやしくなってきました。一時は80%にまで達していた稼働率の伸びがぴたっと止まったのです。もっと深刻だったのは、お客さまからのクレームが増えてきたことでした。

何かがおかしい。そんな危機感をおぼえた私は、各地の店舗を回って、支配人や従業員と話し合いました。

するとと、あることが見えてきました。本社から現場に、業績を上げていくための目標数値は伝えていたのですが、なぜこの数字を追うのか、目標達成を通じて自分たちは何を成し遂げようとしているのか、といったことがまったく伝わっていなかったのです。つまり、スーパーホテルの経営理念に当たるものが現場にまったく浸透していない状態でした。

それまで私たちが経営理念を掲げていなかったわけではありません。シングルマンションの事業を始めた頃、私は「経営指針書」という冊子をつくり、本社の社員に配っていました。スーパーホテルでもこの指針を踏襲しているつもりでした。

しかし、どんなに立派な指針をつくっても、ただ読んでいるだけでは意味がありません。社員一人ひとりの日々の行動に結びついていかなければ、「絵に描いた餅」にすぎないのです。まして、現場に伝わっていなかったとなると、店舗では何の理念ももたないまま、やみくもに生産性を追っていたことになります。

これでは、成長が鈍化し、お客さまからのクレームが増えるのも無理はないと私は大いに反省しました。

どうしたら、経営理念を組織内に浸透させることができるのか。現場のスタッフに至るまで、すべての人たちが経営理念に沿って行動できるようになるためには、どうすればいいのか。この時期、本社では各部門の社員が集まって議論を重ねました。

そして、スーパーホテルの経営理念とその実現のための具体的な行動を示す新たな「経営指針書」と、各店舗の支配人・副支配人向けに経営指針書の内容をコンパクトに収録した「Faith（フェイス）」をつくることが決まりました。「Faith」とは「信頼」とか「誓約」という意味です。中身は社員たちが自ら議論してまとめていきました。

現在のスーパーホテルの経営理念は「Faith」にこう記されています。

〈私達は常に「安全・清潔・ぐっすり眠れる」スペースを創造し、お客様第一主義を旨として、お客様に元気になっていただき、活力ある社会活動・経済活動をされるのに貢献いたします〉

〈現地現場主義に徹して、お客様に満足していただく為、私達はひたすらお客様の要求に合わせて自分を変えていきます。世界的レベルでの質の高いサービスをグループをあげて構築しながら時代を先取りする創造的な企業をめざします〉

この2カ条を掲げて以来、スーパーホテルでは、売上至上主義に走るのではなく、理念浸透主義の経営を進めていく方針を明確にしてきました。

経産省から旅館業界の再生を依頼されて……

店舗の数が40を超えた頃のことです。経済産業省の局長から連絡をいただきました。ITを積極的に取り入れて、生産性と顧客満足度をともに高めようとしている点がすばらしい、ぜひ詳しい話を聞きたいとのことでした。私は局長に会いに行きました。

そのとき話題に上ったのが、各地で衰退しつつあるビジネス旅館のことでした。局長からは、そういう旅館をスーパーホテルのフランチャイズ店として、再生に力を貸してはどうかと提案されました。

私も、旅館業界の実態については調べてよく知っていたため、旅館の再生支援策としては可能性がありそうだし、スーパーホテルの出店にも役立つかもしれないと思いました。

しかし、結論からいうと、このアイデアはうまくいきませんでした。スーパーホテルをやってみたいといってくれた旅館経営者は何人かいたのですが、最後の最後で話がひっくり返ってしまうのです。

多くの場合、壁となったのは、経営者の母親、つまりおかみさんの存在でした。息子である社長はスーパーホテルへの商売替えに前向きなのに、おかみさんがなかなかうんといわず、融資の書類に保証人のハンコを押してくれないため計画が頓挫するというケースが目立ちました。

唯一うまくいったのは、福岡市内にあったビジネス旅館で、そこの息子さんは金融機関で働いた経験を生かして自分で資金を調達して、スーパーホテルへの商売替えに成功しました。

「聴く、考える、実行する」を習慣化して理念を浸透させる

話を理念経営について戻しましょう。

戦略と理念は企業にとって車の両輪です。企業が戦略的に発展していくためには、社員の間に経営理念がしっかり浸透している必要があります。

また、ホテルのようなサービス業においては、経営理念は、社員が自ら判断し、自ら行動するための価値基準となります。というのも、ホテルの現場では、スタッフは常に即断即決を求められるからです。何かが起きたとき、いちいち本社に問い合わせたり、稟議書を上げたりしていたのでは、サービスに遅れが生じます。

ホテルのスタッフは、最も正しいと思われる判断を自ら下し、最も正しいと思われる行動を自らとらなくてはなりません。そのためにも、スタッフの間で経営理念がしっかり共有されている必要があるのです。

スーパーホテルでは、毎朝、朝礼を行っています。その際、本社では「経営指針書」を、各店舗では「Faith」を唱和しています。

唱和といっても、だらだらと読み上げるわけではありません。読むのは1日1ページと決まっており、終わりまで読んだらまた最初に戻るということを繰り返しています。

朝礼では当番が決まっており、その人はその日読むページの内容に関連した発表をすることになっています。その発表に対して、本社では私や社長が、店舗では支配人や副支配人が意見を述べ、対話をします。

このやり方には「一石三鳥」の効果があります。

ひとつは、社員がよく話を聴いてくれることです。朝礼でトップや部門長が経営理念についていくら多くを語っても、社員が聴く耳をもっていなければ意味を成しません。しかし、発表と対話の形をとっていれば、誰もが耳を傾けやすくなります。

2つ目は、社員がよく考えるようになることです。とりわけ当番の人は、発表の中身を事前にかなり練らなくてはなりませんから、自ずと経営理念についても深く考えるようになります。

そして3つ目は、社員が考えたことを実行するようになることです。経営理念に書かれていることを意識的に行動に移すのは、案外難しいものですが、朝礼で発表の順番が回ってくるとなると、社員は何かを実行してみようという気になれます。実行した結果、お客さまからよい反応をいただければ、そこから学びや気づきが得られます。

聴く、考える、実行する。これらが習慣化していけば、社員の間に経営理念が浸透していき、そこからさらに理念に沿った行動が生み出されるのです。

日本経営品質賞をとりにいく

スーパーホテルの存在が少しずつ知られるようになった頃のことです。テレビの取材を受けることが増え、それはそれでうれしかったのですが、ちょっと気になることがありました。

ホテル業界では世界最高峰といわれるザ・リッツ・カールトンを取り上げ、そのおもてなしのレベル、サービスの質の高さを伝える一方で、最近になって出てきた新興の格安ホテルとしてスーパーホテルを紹介するというパターンが何度か続いたのです。

私もザ・リッツ・カールトンに泊まったことはあります。確かにすばらしいホテルです。しかし、おもてなしの心なら、スーパーホテルのフロントアテンダントも負けていませんし、「1円当たりの顧客満足度」ではスーパーホテルのほうが上ではないかと思うほどです。しかし、そんなことをインタビューで話してみても、放送はしてもらえないでしょう。

どうにも割り切れない気持ちになった私は、ザ・リッツ・カールトンについて調べてみました。すると、米国にマルコム・ボルドリッジ国家品質賞（ＭＢ賞）というものがあり、ザ・リッツ・カールトンがこれを受賞していることがわかりました。

ＭＢ賞は、１９８０年代にレーガン政権下の米国で国家的競争力の向上を図るために創設された賞です。受賞企業は製造業がほとんどで、ホテルで受賞したのはザ・リッツ・カールトンだけです。

また、ＭＢ賞を範とした表彰制度は世界60カ国にあり、日本でも「日本経営品質賞」が創設されています。表彰されるのは、顧客視点で経営全般を運営し、自己革新を通じて新しい価値を創出し続けることのできる「卓越した経営の仕組み」を有する企業とされています。

このことを知ったとき、私は日本経営品質賞に挑戦しようと心に決めました。ザ・リッツ・カールトンへの対抗心で決めたわけですから、あまりほめられた動機ではありませんが、スーパーホテルとして何かひとつ、社員が胸を張れることを成し遂げたいと思ったのです。それが２００５年のことです。

日本経営品質賞は、以下の８つのカテゴリーで評価がなされます。

①経営幹部のリーダーシップ
②経営における社会的責任
③顧客・市場の理解と対応
④戦略の策定と展開
⑤個人と組織の能力向上
⑥顧客価値創造のプロセス
⑦情報マネジメント
⑧活動結果

これらはさらに細分化され、審査項目は20にも及びます。各カテゴリーの配点は50~400点となっており、1000点満点で600点以上を取らないと合格になりません。

審査が始まると、審査員が本社や現場のホテルにもやってきますし、トップである私自身も面接を受けることになります。私たちはそれに備えた取り組みを始めました。現場で足りていないことの洗い出し、本部による支援体制の見直し、目標設定と実績評価、徹底への仕組みづくりなど、やるべきことはいくらでもありました。

課題を解決していくうえでは、社内のコミュニケーションをよくすることも大事でした。それまで私はトップダウン一辺倒でリーダーシップをとってきましたが、この時期からは、部下や現場のスタッフから上がってくる優れた提案を実現するボトムアップ式を取り入れるようにしました。リーダーである私が率先して変わらなければ、会社の改革は進まないと考えたからです。

こうした努力が実を結び、スーパーホテルは、まず関西経営品質協議会から2007年度の「関西経営品質イノベーション賞」をいただくことができました。これはホテルでは初の受賞でした。

さらに、2009年度には日本経営品質賞を受賞し、念願がかないました。評価されたのは以下の4点でした。

①独自のビジネスモデルを基盤としたローコストオペレーションとサービス改廃の実践

②本部（サポートセンター）の協力体制による各部門間で連携性を発揮した店舗支援の展開
③各店舗の運営計画立案支援における標準化と戦略策定支援ツールの開発とその運用
④経営品質向上会議による組織全体の方向性を踏まえた各部門の活動や目標の選定と成果の共有

大きな賞をいただくと、私はもちろんのこと、すべての社員・スタッフの誇りと自信になります。また、客観的な立場で会社を評価していただくことは、社員一人ひとりの自発的な行動やチームとしての士気をさらに高めることになります。日本経営品質賞の受賞により、スーパーホテルはさらなる一歩を踏み出すことになったのです。

グローバル戦略を視野に

近年、スーパーホテルでは、海外からのお客さまの比率が増えています。一般的にビジネスホテルに泊まられる外国人客の比率は5％ぐらいとされていますが、スーパーホテルでは、平均して1割ぐらいが海外からのお客さまです。東京の店舗では3割近く、大阪や北海道・旭川の店舗では2割ぐらいが外国の方です。

外国人旅行客の中には、宿泊費をリーズナブルな値段に抑えて気軽に観光を楽しみたいと思っている方が結構いらっしゃるため、そういう方々がスーパーホテルをご利用になっているのだと思われます。東京の店舗には、ビジネスで日本にいらっしゃる外国人のお客さまもよくお泊まりになられます。

海外からのお客さまは今後さらに増えていくでしょう。

そうした時代の変化に合わせて、スーパーホテルでは外国籍の人材を雇用し始めています。現状ではまだ10人程度ですが、日本語のできる中国人や韓国人の社員がすでに働いています。

また、グローバル化の時代を見据えて、スーパーホテルをアジアに出店していく方針も固めました。

2013年7月には、タイの首都バンコクに海外1号店「スーパーホテル Lohas スイートバンコク」がオープンしました。

実をいうと、これまで私は、海外展開についてはわりとのんびり構えていました。海外に出ていくなら、成長著しいアジアだろうとは思っていましたが、人件費の安いアジアで果たしてうまくやっていけるだろうかと思っていたのです。

スーパーホテルはサービスにＩＴをすり込むという発想でやってきましたが、人を雇ったほうが安いのであれば、ＩＴを導入する必要はなく、そうなると、スーパーホテルとしての強みが生かせません。

しかし、２０１２年に経済産業省が音頭をとってベトナムで開催された「日越サービス産業経営者学習交流会」に参加したことがきっかけで、やはりアジアに積極的に出ていくべきだと考え直しました。

ベトナムにはすでに韓国や台湾のサービス業がどんどん進出しており、その動きに比べると、日本のサービス業はアジア進出で後れをとっていると感じざるをえなかったからです。

サービスを輸出する

アジアでは、欧米資本を中心とした大手シティホテルのチェーン網はすでに確立されています。しかし、リーズナブルな料金で快適な宿泊を提供するホテルチェーンはまだ少ないため、スーパーホテルが出ていけば、日本から現地に長期にわたって出張されるビジネス客などにご利用いただけると見込んでいます。

加えて、アジアでは日本のサービス業のレベルの高さはよく知られており、「日本ブランド」は高い人気を集めています。そこでスーパーホテルの売りである「安全・清潔・健康・環境」といったコンセプトをうまく打ち出せば、今後、拡大していくであろうと思われる現地の中間層を取り込んでいくこともできるのではないかと思います。

バンコク以外では、ベトナム・ハノイに3店舗をオープンさせることが決まり、現在、急ピッチで準備を進めています。中国や台湾のホテルチェーンと業務提携を結ぶ話も進んでいます。

もちろん、私たちは、単に儲けるために海外に進出するのではありません。バンコクやハノイのスーパーホテルは、現地のパートナーと組み、私たちは店舗を運営するという方式をとります。私たちはいわば、スーパーホテルのサービスを輸出するわけです。

バンコクやハノイへの出店にあたっては、事前に現地パートナーを日本に招き、スーパーホテルをよく見ていただきました。私たちのビジネスモデルや経営理念についてもしっかりお伝えしました。

幸い、両国のパートナーたちは、スーパーホテルのビジネスモデルや理念にほれ込んでくれましたので、共同経営はスムーズにやっていけると思います。

当面は日本からも支配人やインストラクターといった形で社員を送り出しますが、私たちが伝授するノウハウを身につけてもらい、いずれは現地スタッフが活躍するフランチャイズ店になっていってほしいと願っています。

金井壽宏教授の考察

理念が浸透している組織では、一人ひとりが理念に沿った行動をとることができる。行動の背景にあるルールを学習できているからであり、メンバー同士が自身の経験や所感について語り合う場が用意されているからだ。

始まりからのイノベーター

本章でのテーマについてまず思うのは、山本会長は経営者としてスタートを切った時点からイノベーターを目指してきたということだ。

シングルマンション事業に着手した話や、ホテルリンクスを工場地帯に立地させた話からは、海外の情報をもとに事業を構想する計画性と、常に進化を求めてやまない起業家精神が見てとれる。

ウィークリーマンション事業の中止を余儀なくされ、それでビジネスホテルを始めようと思い立ったという話や、フロントの無人化は実現できなかったけれども結果的に救われたという話からは、「けがの功名」からも上手に学ぼうとする姿勢がしっかり感じられる。

また、インフレ先取りの不動産業から、デフレ先取りのビジネスホテル業への転換については、ご自身は「勇気がいった」とおっしゃるが、揺るぎない自信に裏づけられた行動のようにも映る。考え抜いたうえでの勇気ある決断だ。

そして、土地や建物は保有しないというスーパーホテルのスタイルは、「持たざる経営」を具現化したものであり、ホテルをソフト産業として経営していくという意思が垣間見える。

イノベーターとしての山本会長は、現場主義を貫き、何事においても数字で全体像を把握しようとする。そうした経営方針は、やがて戦略と理念の両立という道へとつながっていく。

仕組みに基づく経営はまねされにくい

経営戦略論には長い歴史があるが、詰まるところ、どこで勝負すべきかという「土俵」にまつわる理論と、どのように勝負していくかにかかわる「組織としてのよいクセ」、つまり企業が培っていく「組織能力」にまつわる理論とに分かれる。

前者ではマイケル・ポーターの競争戦略論が有名だ。それに即していえば、スーパーホテルでは、低価格路線を追求するコストリーダーシップ戦略と、顧客をビジネス客に絞るフォーカス戦略をとっている。

フォーカス戦略は、実行することによって奥行きが広がってくる戦略でもある。当初はビジネス客に絞った経営をしていたスーパーホテルに、女性や家族連れや外国人の顧客が増えてきたというのは、その表れにほかならない。

ちなみにポーターは、事業の定義においては「何をするか（what to do）」よりも「何をやらないか（what not to do）」のほうがはるかに大事だと、ポーター賞のために来日するたび強調している。宴会や飲食には手を出さないというスーパーホテルは「やらないこと」を明確に定義しており、その意味でもポーターの理論に沿ったものだといえる。

後者の組織能力にまつわる戦略論の中では、ゲイリー・ハメルとC・K・プラハラードによる「コアコンピタンス」という概念がよく知られている。ハメルとプラハラードは、企業がもっている中核的な組織能力、他社が容易にまねできない強みのことをそう呼んだ。

スーパーホテルは、シングルマンションの経営で培ってきたIT技術や独自のノウハウをホテル経営に生かして成功している。したがって、組織能力で競争する企業だといえるし、ビジネスの仕組みで勝負する企業のお手本といってもいい。

山本会長は、講演などでスーパーホテルのノウハウについてひと通り話された後、「どうぞ、まねしてくださってかまいません」と平気でおっしゃる。それは、組織能力にまで高められた仕組みに基づく経営は、まねされにくいということをよくわかっておられるからだろう。

それだけではない。スーパーホテルの戦略・仕組みは理念によっても支えられている。仕組みのシステムをまねすることができたとしても、今度は理念がないと、システムの動かし方に心がこもらない。

本章では、シングルマンション事業からビジネスホテル経営へと舵を切っていく様子が語られているが、山本会長の肉声からは、戦略発想で始まったスーパーホテルが理念経営を取り込んでいく様子が伝わってくる。

理念経営の要諦：リーダーのウォーク・ザ・トーク

戦略や仕組みがいくら優れていても、理念がなかったら、その企業はやはりどこかおかしい。〝おかしい〟がいいすぎだとしたら、どこか〝もの足りない〟。いくら崇高な理念が掲げられていても、戦略や仕組みが整っていなければ、社員は食べていけない。また、ゴーイング・コンサーンとして、企業が長く発展し続けるためにも、理念と仕組みの両方が不可分につながっているのは、すごい強みになっている。

社員の間で理念が共有されていくプロセスと、戦略が実現されていくプロセスが重なり合っているのが理想の形なのだ。スーパーホテルはそれができている類まれな企業といえるだろう。

理念経営を進めていくうえで大事なことは、まずトップがその理念の通りに生きることだ。世の中のたいていの経営者は、自らの行動を律する原理原則をもっている。その原理原則を企業理念にまで高めて経営の指針にしている人も多い。

しかし、問題は、経営者自身がそういった原理原則や理念に基づいた具体的な行動をきちんととっているかどうかだ。

英語に「ウォーク・ザ・トーク（walk the talk）」といういい回しがある。四文字熟語に訳せば「言行一致」となるが（原語同様に韻を踏んで「言《い》った通り行《い》った」と訳すほうがおぼえやすいかもしれない）、経営者が理念を組織内に浸透させたいと考えるなら、自身が理念の体現者になっていく必要があるし、理念にまつわるストーリーをたえず語り続けていかなくてはならない。

また、理念はよく考えたうえでいったん掲げたら、よほどのことがない限り変更すべきではない。たとえば、ある企業が新たな事業分野への進出を検討し、それが戦略的に正しい選択だとしても、経営理念には反する場合、戦略を優先して理念を変更すると、その企業は自社の根本原則を変えてしまうことになる。

前出の伊丹敬之先生は、あるときの講演で、自著『人本主義企業』(日経ビジネス人文庫、2002年)のサブタイトル「変わる経営 変わらぬ原理」についてふれ、「実際には、『変わらぬ経営、変わる原理』というふうになってしまっている会社があります」と冗談まじりに苦言を呈しておられた。そのような企業は、原理原則や理念は自社のよりどころであるということを忘れてしまっている。

どうやって理念を浸透させるか

社員の間で経営理念を共有してもらうため、スーパーホテルでは朝礼の際に、社員が「Faith」や「経営指針書」を読み上げ、当番の人が理念に関する発表をするのだという。

理念が浸透している組織では、メンバー一人ひとりが理念に沿った行動をとることができる。それは、行動の背景にあるルールを学習できているからであり、メンバー同士が自身の経験や所感について語り合う場が用意されているからだ。

スーパーホテルの朝礼もそういった場に当たるのだろう。単に理念の条文を唱和するだけの場にしていないという点に工夫が見られる。

かつて加護野忠男先生と先生の研究室と私の研究室の院生たちとの共同で、「生活協同組合コープこうべ」でかなり大規模な調査をさせていただいたことがあるが、コープこうべでも、組織理念を具体化した行動の例を職員の間でシェアすることをとても重視していた。

また、コープこうべの中には、「理念を体現した行動がうまくとれた経験」だけでなく、「理念の通りに振る舞えなかった経験」もうまく言語化できる人たちもいた。主として幹部クラスだったが、彼らは自分がしてしまった失敗やそこからの教訓もきちんと周囲に語り継ぐことで、理念に沿った行動とは何かを考える材料を提供していた。こうした成功例と失敗例の双方からの教訓を共有するやり方も、組織理念の浸透には役立つのではないかと思う。

スーパーホテルの朝礼によって、社員は「聴く、考える、行動する」という習慣を身につけていくのだという。スーパーホテルにおける朝礼は、「組織開発の場」として機能しているとも解釈できる（「組織開発」という言葉を使ってはおられないが）。

成長を目指す企業にとって、社員の成長と組織の発展はともに欠かせないものだ。その2つが同時に進んでいくような場を用意できていれば、理想的といえるだろう。

さて、次章では、スーパーホテルの人材育成について語っていただく。山本会長独自の人間観と、イノベーションを生みだす組織のつくり方が提示される。

PART 3

5つ星のおもてなしを実現する人材育成の仕組みづくり

「ベンチャー支配人制度」こそ、
当社の人材活用を特徴づけるものだと
思っています。

感動はマニュアルでは提供できない

ホテルがマニュアルを徹底すれば、従業員によるサービスのばらつきを少なくすることができます。それによってお客さまの不満はとりあえず解消されるかもしれません。

しかし、スーパーホテルはそのレベルではよしとしません。お客さまに満足していただくだけなら、マニュアルを整備すれば事足りるかもしれませんが、私たちが目指しているのはお客さまの満足以上のものだからです。

満足以上のものとは何か。それは「感動」です。こういうと、いささか大げさに聞こえるかもしれませんが、スーパーホテルでは、お客さまに「自分のためにそこまでしてくれるのか」「自分のことをこれほどまでに考えてくれているのか」と感じるような経験をしていただき、感動を味わっていただこうとしています。

そのためには、お客さまの期待を上回るサービスやおもてなしを提供しなくてはなりません。

いうまでもなく、感動をマニュアルで提供することはできません。いくらマニュアルの精度を上げても、どんなにマニュアルのチャネルを増やしても、感動につながることはないのです。

大事なことは、どうすればお客さまに喜んでいただけるのかを自分の頭で考えて行動し、お客さまの喜びを自分の喜びとして受け止めることです。それができる人を私は「自律型感動人間」と呼んでいます。

91ページでお話しした「Faith」では、自律型感動人間について次のように定義しています。

〈私達はフェイスを深く理解し、日々実践すると共に、お客様と働く仲間に感謝と感動の気持ちを持って接します。自らの可能性を信じ、自責で考えることによって、人間的成長を求め続けます〉

スーパーホテルでは、本社・店舗を問わず、すべての社員に対して、自律型感動人間へと成長していくことを期待しているのです。

エピソード①「よいサービスとは準備である」

自律型感動人間とはどういう人なのか。まずは3つのエピソードをご紹介しましょう。

北海道のスーパーホテル旭川がオープンしたとき、青森県八戸の店舗で実績をあげていた支配人を開業支配人として送り込みました。彼は、オープンの3カ月前から顧客層のリサーチを進め、旭川にやってくる人たちのうちの圧倒的多数が札幌からのビジネス客であることを突き止めました。そして、自ら札幌に赴き、1カ月間、さまざまな企業に飛び込み営業をかけて、顧客を掘り起こしました。

その甲斐あって、旭川店では開業以来、稼働率100%、つまり満室の状態が半年以上も続きました。その記録が途絶えたのは、大雪のため札幌からの飛行機がキャンセルになった日でした。

本書の冒頭でも述べたように、旭川店は旅行サイト「トリップアドバイザー」が主催する「トラベラーズチョイス2013」のベストバリューホテル部門で、第1位を獲得しています。

私も実際に現場へ行ってみましたが、開業当初から、支配人やスタッフのお客さまへの対応、気配りはもちろんのこと、バックヤードで働くスタッフたちの仕事ぶりも円滑で見事なものでした。お客さまにホテルを我が家のように感じていただきたいという思いが、スタッフ全員の一挙手一投足から伝わってきました。

この支配人は「よいサービスとは準備である」という考え方でホテルを運営していました。常に準備を怠らず、お客さまに「このホテルはいいな」と思っていただける状態をつくっておけば、売上げや評価は自ずと後からついてくると考えていたのです。

その準備は、客室の確認から始まります。

・毎日、無作為に何室かを選んで、部屋の中に入ってみる。
・部屋全体をよく観察する。
・床にはいつくばって、小さなゴミや髪の毛が残っていないかチェックする。
・バスルームでは視線を上げて、天井や換気扇のホコリまでチェックする。
・髪の毛が落ちていたら、デジカメで撮影して清掃担当者、清掃業者に連絡し、原因を探る。

こうした地道な作業を通じて、アルバイトスタッフや清掃業者にミスをなくすことを徹底させていたのです。

この支配人は転職してスーパーホテルの支配人になったのですが、かつては企業の営業マンをしており、ビジネスホテルによく泊まっていたそうです。その頃の経験から、「お客さま絶対主義」を貫くようになったといいます。

どんなホテルならリピーターになりたいか。逆にどんなホテルは二度と利用したくないか。そういう視点に立って支配人の仕事に臨むことができたのです。

旭川店では、初めのうちは、支配人の細かい指摘にアルバイトや協力会社のスタッフはやや閉口していたと聞いています。しかし、改善のための話し合いを何度も続けているうちに、支配人の本気度が伝わり、スタッフは徐々に変わり始めました。スタッフも本気でミスの原因を追究し、再発防止に努めるようになったそうです。

つまりこの支配人は、サービスにかかわる人たちを本気にすることで、サービスを向上させたのです。その後、彼は、266室の大型店である新横浜店に異動となり、そこでも大きな成果をあげています。

エピソード②笑顔を取り戻したお客さま

次のエピソードは、山口県にある防府駅前店での話です。

同店に、いつもおひとりでご利用になる男性の常連客がいらっしゃいました。宿泊の際には、必ずお昼頃にフロントに荷物を預けてお出かけになり、午後2時頃に戻ってこられます。3時に副支配人が客室の仕上がりをお伝えし、チェックインをご案内しても、部屋に荷物を置くと、またすぐにロビーに戻ってこられて、本を読んだり、外を眺めたりして夕方まで過ごされていました。

そんな様子を不思議に思った副支配人は、何度かその男性に声をかけましたが、口数の少ない方で、最初は目も合わされなかったそうです。

しかし、副支配人はその男性がご利用になるたびに、「今日はどちらにお出かけですか」などとさりげなく声をかけ続けました。

そうしているうちに、男性も少しずつ反応してくださるようになり、その話から、自宅が近くにあるのに、周辺のあちこちのホテルをご利用されていることがわかりました。理由をうかがうと、3カ月前に奥様を亡くされたとのこと。「思い出のつまった自宅にひとりでいるのがつらい」「少しでも人の声がする所にいたい」との思いから、ホテルに宿泊されていたのです。

そのことを聞いた副支配人は、驚くと同時に、男性の奥様に対する愛情の深さに感動したといいます。お部屋にご案内しても、必ずロビーに降りてこられるのは、そういう理由からだったのかと初めて気づき、思わず涙をこぼしたといいます。

それからは、男性は、来館されるたびに、奥様との思い出や近況などについてたくさんのことをお話しくださるようになりました。定年後、夫婦一緒に旅行を楽しもうと思っていた矢先に奥様が病気になったことなど、プライベートなお話までしてくださるようになりました。

そして、男性が初めてその店舗をご利用になってから1年以上が過ぎた頃のことです。1通の手紙をいただきました。そこにはこのように書かれていました。

「ひとりでの生活が1年3カ月になりました。私はホテルに来て、みなさんとお話しできるのが楽しみです。家にいるとまだ寂しさを感じますが、スーパーホテルに来ると少しずつ心の安らぎを感じるのは、みなさんのおかげです」

この店舗の支配人・副支配人には、いつも心に決めていることがあるそうです。それは、数あるホテルの中からスーパーホテルを選んでいただいたお客さまに対して感謝の気持ちをもつこと、そして、スーパーホテルをご利用になったお客さまには笑顔になってお帰りいただきたいという気持ちで、日々のおもてなしに努めることだといいます。

当初は暗かったその男性の表情は、スーパーホテルにお泊まりになる回数が増えるにつれて、少しずつ柔らかく穏やかになったそうです。初めて見せてくださった笑顔は忘れられないと、支配人・副支配人はいいます。

このエピソードは、ホテルをご利用になるお客さまは、私たちが知りえないような背景や思いを抱えてお越しになっているということを私たちに教えています。

「Faith」には、お客さまに「第二の我が家」をご提供し、お客さまに元気になっていただくことが私たちの使命だとうたわれていますが、この店舗ではそうした理念に沿った接客を実践し、「日常の感動」を生み出したともいえます。

エピソード③夜の街に立つ

3つ目のエピソードは、スーパーホテルが開業してまだ間もない頃の話です。当時は、苦戦を強いられ、思うように稼働率が上がらない店舗もあったため、そういう店に私はしょっちゅう電話をかけて、支配人に状況を尋ねていました。

ある日、九州の店舗に電話をかけたときのことです。電話を取ったスタッフが「支配人は外出しています」といいました。時間は夜の8時か9時頃でした。お客さまが次々にやってきて、ホテルが最も忙しくなる時間帯です。

「外出って、どこへ行ってるんだ」と私が問いただすと、スタッフは「飲み屋街のほうに行っていまして……」と答えました。

私はあっけにとられて、思わず「何をしとるんや」といいそうになりました。しかし、スタッフが次に発した一言で、その言葉をのみ込みました。

「支配人は客引きをしているんです」

その支配人は飲み屋街を歩き回って、その夜の宿泊先をまだ決めていない出張客などを探し出し、「スーパーホテルにお泊まりになりませんか」と声をかけていたのです。

そこまでしなくてもと思った私は、すぐに客引きはやめるようにといいました。支配人が夜の街に立って営業をしていたのでは、ホテルの品格にもかかわります。けれども、内心、大きな感動をおぼえました。やり方は間違っていたとしても、なんとかお客さまを増やそうという支配人の必死さが伝わってきたからです。支配人の頑張りと、本社からのサポートによって、ほどなくその店舗の業績は上向きに転じました。

素人が店舗を運営する

スーパーホテルの支配人の中には、これらの支配人・副支配人以外にも自律型感動人間の資質を備えた人たちが大勢います。

しかし、彼ら彼女らのほとんどは、スーパーホテルで働くまでホテルに勤めたことがなかった人たちです。中には接客業の経験すらない人もいます。これもホテル業界では「非常識」なことかもしれません。

通常、ホテルでは10年ぐらいの実務経験がある社員を支配人に任命します。シティホテルであれば、大学でホテル経営について学んだような人材が、現場での経験を積んでから支配人になります。

これに対し、スーパーホテルでは一般公募で集めた人材、いわば素人に店舗の運営を任せています。これを「ベンチャー支配人制度」と呼んでいます。現在は、国内104店舗のうち92店舗が、このベンチャー支配人によって運営されています。

ベンチャー支配人は、スーパーホテルと業務委託契約を結び、店舗を運営する独立自営業者です。契約は4年間の期限付きで、毎年、50人くらいを採用し、各地の25カ所ぐらいの店舗で支配人・副支配人を務めてもらいます。

採用にあたって、学歴や職歴は問いません。スーパーホテルの支配人として、つまりは自律型感動人間としてお客さまと接するための素養があるかどうかだけを見ます。ほとんどの応募者は、4年後に独立して起業する希望をもっており、その夢やビジョンがどれだけ明確かということも、採用時の判断材料となります。

応募は夫婦でされるパターンが多く、短期間で開業資金を貯められることや、経営のノウハウを学べることが魅力のようです。採用されれば、ふつうは夫が支配人、妻が副支配人になります。合格者は全体の15~20%です。かなりの狭き門といえるでしょう。

ベンチャー支配人に採用された人たちに対して、私たちはまず大阪の4店舗で50日間の研修を施します。初めに講義を受けてもらい、それからフロント業務、朝食の配膳、その他さまざまな日常業務を経験してもらいます。

その間、会社の経営理念についてもしっかり理解してもらいます。研修のしめくくりには、ホテル経営者としての実務を経験してもらい、それが終わると、各地にある80~100室規模の店舗に着任してもらいます。

各店舗では、ベンチャー支配人は、ホテル内のフロントの裏側にある居室に住み込みます。かつて私たちがシングルマンションの事業を手掛けていたとき、管理人にマンションに住み込んでもらっていたのと同じやり方です。

支配人用の居室で暮らしていれば、家賃も光熱費もかかりませんし、報酬面では、基本報酬に加え、業績や業務ランクに基づいた奨励金が付きます。ですから、4年後の起業を考えている人は、働き方次第で十分な資金を手に入れることができます。

ベンチャー支配人のシステムは、外部の人にはなかなか理解されにくいようです。なにしろホテル業界の「非常識」に挑戦する制度ですから、無理もないことかもしれません。

けれども、私は、この制度こそ、スーパーホテルの人材活用を特徴づけるものだと思っています。世間の人から見れば、「素人支配人」かもしれませんが、この制度を通じて多くの人たちに、お客さまに感動を与えられる人材、そしてそのことを自分の喜びにできる人材に育っていってほしいのです。

「せっかく支配人として育った人が4年で流出していくのはもったいなくありませんか」と心配してくださる人もいますが、私はそうは思いません。世の中には、会社に20年、30年勤めても、結局、何も残さない人もいます。

他方、4年間、全精力を会社のために注ぎ込み、ベストプラクティスを残してくれる人もいます。どちらの人材がいいかと聞かれれば、私は迷わず、後者と答えます。

支配人を支援する仕組み①「スーパーウェア」

ベンチャー支配人を目指す人たちに対して、私はこういいます。

「まずスーパーホテルの経営理念を共有してください。それさえできれば、店舗運営は必ずできます。我が社には、あなたたちをバックアップするシステムが完全にでき上がっています」

支配人を支援するシステムのひとつは、先にご紹介した「スーパーウェア」です。この社内イントラネットにより、各店舗の支配人は、スーパーホテル全店舗に寄せられるお客さまからのクレームやおほめの言葉をすべて知ることができますし、支配人同士の情報交換も可能となります。

また、スーパーウェア上に表示される店舗ランキングも支配人の励みになります。これも先にふれた通りですが、スーパーホテルでは、身だしなみ、接客、朝食、クリンネスをサービスの重点ポイントとしており、お客さまにアンケートへのご協力をお願いしています。

アンケートでは、以下の項目について4段階で評価していただきます。

□スタッフの身だしなみはいかがでしたか？
□スタッフの接客応対はいかがでしたか？
□清掃、清潔さはいかがでしたか？
□朝は、明るい笑顔と大きな声で「おはようございます」と元気なご挨拶ができていましたか？
□健康朝食はいかがでしたか？
□次回もご利用いただけますか？

このアンケートに基づく店舗ランキングで、2カ月連続で下位20位に入ってしまった店舗に対して、私たちは「ゴールド作戦」を実施します。これは、本社の担当者と元客室乗務員の外部講師などで構成されるチームが店舗に出向いて行う接客教育です。

当初は、「歩」が「と金」に成るという将棋のルールにちなんで「成金作戦」と呼んでいましたが、ビジネスの世界で成金というのもいささか語感が悪いため、この名称に改めました。

ゴールド作戦を実施するのは、毎月15店舗ぐらいです。店舗に入った教育チームは、「お辞儀」「お客さまのお名前を呼べているか」「混雑時の対応はどうか」「プラスαのお声かけができているか」など20以上の項目を現場でチェックし、100点満点で評価します。80点以上を取らないと合格になりません。

不合格になった店舗では、支配人が本社と話し合ったうえで業務改善スケジュールをつくり、実行します。そして、1カ月後には再び教育チームが店舗に入ってチェックします。改善されていなければ、合格点に達するまで、これを何度も繰り返します。

ゴールド作戦を実施するようになってから、お客さまアンケートで「接客」についてうかがった項目の平均点数(4点満点)は、3・80から3・85にアップし、接客対応のレベルが全体的に向上していることがわかりました。私たちは、すべての項目の点数を3・9に近づけたいと思っています。

支配人を支援する仕組み②「需要予測システム」

支配人をサポートするITシステムとしては、もうひとつ、「需要予測システム」と呼んでいるものもあります。

スーパーホテルをご利用になるお客さまは、6カ月先までのご予約を入れることが可能です。ですから、店舗側は6カ月後までの日々の稼働状況を予測することができます。たとえば、今日が1月16日なら、7月15日までの連日の稼働状況を予測できるわけです。

需要予測システムでは、こうした稼働予測と前年の稼働実績を比較できるようになっており、7月15日の稼働予測が前年の稼働実績と同じぐらいなら「白」、前年を上回っていれば「青」、前年を下回っていれば「赤」というふうに信号が出ます。前年に店舗の近隣で日々どのような行事があったかということもわかるようにしてあります。ですから、支配人は常に6カ月先を見据えた営業プランを考え、実行することができます。7月15日の稼働率を上げるために、1月16日の時点で手を打つことができるわけです。

営業の強化策で一番簡単なのは、宿泊料金を値下げすることですが、そのほかにも、朝食のメニューを変更してみるとか、地元企業を訪問して行事予定をお聞きするといった方法もあります。

フロント営業も有効な方法です。フロントでリピーターのお客さまに声をかけ、最近はどんな会社へのどんな出張が増えているか、近隣で集客が期待できるイベントは開かれるか、建設工事の予定はあるかといったことを尋ねて、情報をいただくのです。

5年以内にIT投資額を回収できるかが目安

このようにスーパーホテルでは、支配人のサポートにおいてもITを駆使していますが、ITの活用が初めから現場の支配人たちに支持されていたかというと、必ずしもそうではありませんでした。

スーパーホテルでは、毎年、店舗の支配人が本社の各部門の対応などを評価する「支配人満足度調査」を実施していますが、2005年の調査で、本社IT戦略室は全部門中最下位という結果を残してしまいました。不評の理由は「システムが急に変更になる」「システムに不具合が多く、現場が混乱する」といったことでした。

この調査の後、IT戦略室は方針を現場主義に改めました。担当者たちが現場を歩き回り、支配人や副支配人の話に耳を傾けるようになったのです。これにより、IT戦略室の評価は高まっていき、2008年の調査では全部門中トップとなりました。

現在、スーパーホテルのIT戦略室では、4人の担当者が働いています。しかし、彼らの姿を本社のオフィスで見かけることはあまりありません。たいていは店舗に出向いているからです。そうやって、彼らは、ITに関する現場の声を吸い上げ、現場のニーズを拾い集めています。ITシステムを導入した後も、現場に行き、システムの使い方を教えます。

いってみれば、IT戦略室の仕事は、現場に対して〝営業〟をかけることであり、現場にシステムをうまく使ってもらえるように〝布教〟をすることなのです。

IT投資を行う際の目安は、5年以内に投資額を回収できるかどうかです。ITを活用することで稼働率が向上し、売上げが伸びる。あるいはムダが省けて生産性が上がる。そういった目に見える効果が5年以内に表れると判断した場合は、惜しまずITに投資します。

そうでないと判断した場合は、投資は見送ります。ITにしがみつくようなことはけっしてしません。なぜなら、いくら高度な技術であっても、現場が必要としないシステムや、現場で役に立たないシステムは、無駄な投資につながるだけだからです。その違いを見極めることもまた、IT戦略室に課された任務だともいえるでしょう。

「私はプロです。可能性に挑戦し続ける」と
朝礼の最後にみんなで毎日声を
合わせます。

数字は問題解決のヒント

先に金井教授に解説していただいた通り、スーパーホテルでは計数管理を非常に重んじています。私自身、企業経営をしていくうえでは「数字」と「日時」の取り決めが何よりも大切だと考えてきましたし、社員にも数字を真摯に受け止めてほしいと言い続けてきました。

しかし、社員を責めたり縛ったりするために数字を用いるつもりはありません。営業成績が芳しくない店舗があったとしても、そこの支配人の責任を追及するために数字を使ったりはしません。

成績が悪ければ、それには原因があります。その原因にたどりつき、みんなで知恵を出し合い、問題を解決するために、数字としっかり向き合っていく必要があるのです。

あるとき、同一地域内にある2店舗で、朝食の満足度に大きな差が出たことがありました。ともに同じ給食業者から朝食を仕入れているにもかかわらず、A店ではお客さまの評判がよくて、B店では悪いという結果が出たのです。

私たちは原因を調べました。すると、意外なことが判明しました。

スーパーホテルの各店では、朝食のご案内は副支配人が担当します。A店の副支配人は以前、企業の受付の仕事をしていた経験があり、そのような接客業務に慣れていました。お客さまに積極的に声をおかけし、てきぱきとお席に誘導していました。

他方、B店の副支配人は前に工場の事務をしていた人で、接客業務にあまり慣れていませんでした。とてもまじめな性格なのですが、やや恥ずかしがり屋なところがあり、お客さまへのお声かけのタイミングがずれてしまったり、お席への誘導がスムーズにいかなかったりしていました。

つまり、両店で朝食の満足度に差があったのは、副支配人によるご案内のやり方に差があったからだったのです。同じ味の朝食でも、食べていただくまでの接客が違うと、お客さまの満足度は上がったり下がったりするということです。

その後、私たちはB店の副支配人に対する支援を開始しました。具体的には、マナー指導を徹底しました。

マナーを学べば、自信がつきます。自信がつくと、自ずと声が大きくなり、自分の間で話せるようになります。しばらくして、その副支配人は見違えるように変わりました。明るい笑顔で接客ができるようになったのです。その結果、B店の朝食の満足度も向上しました。

仕事ができない場合、理由は2つ考えられます。やる気がないからか、やり方がわからないからか、そのどちらかです。

しかし、スーパーホテルで自律型感動人間を目指す人の中にやる気がない人はいないはずです。したがって、もし仕事ができない人がいるとしたら、それはやり方がわからないからであり、したがって、そういう人たちに対しては、会社が手を差し伸べて仕事のやり方を教えればいいのです。

数字にはそのためのヒントが隠されていると私は考えています。

全員に「ナンバー2」の意識をもってもらう仕組みづくり

ベンチャー支配人が一番頭を悩ませるのは、人の使い方です。ホテルの店舗には、支配人・副支配人だけでなく、正社員やアルバイトのスタッフがいます。実はそのようなスタッフこそ、ホテルの顔であり、ホテルを代表する人たちです。いくら支配人・副支配人が頑張って働いていても、スタッフの接客力が強化されていなければ、お客さまに満足や感動をお届けすることはできません。

そのため、スーパーホテルでは、すべてのスタッフに「ナンバー2」の意識をもってもらおうとしています。店舗の実際のナンバー2は副支配人ですが、全スタッフが副支配人になったつもりで仕事をし、支配人を助けることができれば、店舗にチームとしての結束力が生まれると考えているからです。

具体的な人事制度としては、店舗で働く社員に対して試験と面接を施し、その能力に応じて、ブロンズ、シルバー、ゴールド、ナンバー2と昇格させるようにしています。試験や面接では、スーパーホテルの経営理念を共有しているか、きちんとした接客ができるか、ITについての理解があるか、そして自律型感動人間へと成長できているかといったことが問われます。

それに加えて、本社主催で接客グランプリという大会を開き、各店舗のスタッフに技術を競ってもらっています。

「話し込み」と「チャレンジシート」「ランクアップノート」

本社・店舗に関係なく、人材育成面で重視しているのは、上司と部下のコミュニケーションをよくすることです。その一環として、「話し込み」と呼ぶ時間を設けています。

「話し込み」は、上司と部下が対話する形で行われます。これにより、上司は部下の長所を知り、部下に自信をもってもらうことができます。部下は自分の目標を明確化し、自分の目標と会社の目標をどのように近づけていくかを考えるようになります。

そして、その際に使われているのが「チャレンジシート」と「ランクアップノート」という2つの目標管理ツールです。

チャレンジシートには、部下が自分の目標を書きます。上司はその内容をもとに部下の育成計画を立て、目標を達成していけるようにサポートします。このシートをつくり込んでいくプロセスでは、上司と部下の間で徹底した話し込みが行われます。

ランクアップノートは、チャレンジシートに書いた目標を月間目標と週間目標に落とし込み、行動計画を記したものです。上司による進捗度チェックは、月ごと、あるいは週ごとに行われ、そのつど、目標達成に向けた話し込みをします。

それだけではありません。チャレンジシートには自分の夢も書いてもらいます。最近の若い人たちの中には「夢がない」という人が多くいますが、だからこそ、話し込みを通じて、一人ひとりの社員に自分の夢を描く機会を与えたいのです。

夢を描けば、その実現に向けて自分を磨こうという意欲がわいてきます。自分の夢の達成と会社の将来を重ね合わせて展望することもできます。そのようにして、社員たちの中から、自分と会社をともに成長させる真のチャレンジ精神を引き出していきたいと私は思っています。

すべての社員がプロを目指す

スーパーホテルの「経営指針書」には、「私はプロです」という表題がついているページがあります。そこには、「アマの考える習慣」と「プロの考える習慣」が、以下のように対比されています。

〈アマの考える習慣〉
目的が漠然としている
経験に生きる
不信が先にある
途中で投げ出す
できない言い訳が口に出る
他人のシナリオが気になる
現状に甘える
ぐちっぽい
気まぐれ
自分が傷つくことは回避
享楽的資金優先
時間の観念なし
失敗を恐れる

〈プロの考える習慣〉
常に明確な目標を指向している
可能性に挑戦し続ける
信じ込むことができる
使命感を持つ
できる方法を考える
自分のシナリオを書く
人間的成長を求め続ける
自信と誇り
自己訓練を習慣化
他人のしあわせに役立つ喜び
自己投資し続ける
時間を有効に組織化
成功し続ける

前述の通り、スーパーホテルの本社では、毎朝の朝礼の時間に社員が「経営指針書」を1日1ページずつ唱和していますが、毎日、最後に必ずこのページを読み上げます。

当番の人が「アマの考える習慣。目的が漠然としている」というと、みんなでいっせいに「私はプロです。常に明確な目標を指向している」と応じ、続いて当番が「アマの考える習慣、経験に生きる」というと、みんなが「私はプロです。可能性に挑戦し続ける」と声を合わせます。

ここでいう「プロ」とは、自律型感動人間のことにほかなりません。私を含め、スーパーホテルで働いているすべての人間は、毎朝このページを声に出して読むことで、自律型感動人間はどのように思考し、どんな行動をとるかを確認しているのです。

失敗にかかった経費は埋蔵金

プロのさらに上には「一流のプロ」がいます。

一流とは、日常の業務をこなし、成果を上げるだけでなく、業務に改善や改良を加えたり、儲けの仕掛けを自ら考え出したりして、イノベーションにつなげていける人です。

そういう一流のプロを増やしていくために、スーパーホテルでは社員や協力会社のスタッフからの提案を奨励しています。

前述の通り、ホテルにお客さまが入ってこられた際の「お帰りなさいませ」という挨拶は、大阪のある店舗の支配人のアイデアで始まりました。すると、フロントの印象がとてもよくなったとお客さまから評価をしていただき、全国の店舗でも試してみたところ、やはり好評だったため、以来ずっと続けています。

また、女性客に「レディースグッズ」をプレゼントするサービスも社員の提案で始まりましたし、先述の通り、「ベッドの脚をなくす」という発案は協力会社の清掃スタッフから上がってきました。

提案に基づいて新しいことを始める際には、まずひとつの店舗で試してみて、お客さまの感触を探り、うまくいけば全店舗で展開するという方法をとっています。お客さまに枕を選んでいただく「ぐっすりコーナー」もまさにそうでした。

いわば「小さく生んで、大きく育てる」わけですが、このやり方だとリスクが少ないため、バラエティに富んだ思い切った挑戦ができます。

どんな小さな改良・改善でも、7、8割方成功しそうだったら、まずやってみる。その姿勢が大事なのです。そうやって改良や改善を積み重ねない限り、イノベーションは生まれません。

もちろん、すべての提案がうまくいくとは限りません。

以前、客室の脱臭効果を高めようと、天井を漆喰《しっくい》で塗ってみたことがありました。ホテルにとって客室の脱臭は常に大きな課題であり、私たちもにおいとはさんざん闘ってきたのですが、どうやら漆喰が効くらしいという提案が上がってきたのです。旧家の蔵などの壁は漆喰で塗られており、そのためほとんどにおいがしないという話も聞きました。

そこで、ある店舗で試してみたところ、これはダメでした。漆喰そのもののにおいがきつくて、客室に長くいると、頭痛がしてくるほどだったため、計画はとりやめになりました。

しかし、そんな場合でも、提案した社員をけっして責めたりはしませんし、実験や試行に経費がかかったとしても、その社員の評価を下げるようなことはしません。もし会社がそういう態度をとれば、社員が委縮してしまい、提案が上がってこなくなるかもしれないからです。

提案に基づいて実験や試行をするときにかかる経費は、会社にとっての〝埋蔵金〟だと考えています。たとえ実験や試行が失敗に終わったとしても、それにかけたお金は失われたのではなく、会社の中のどこかに残っていて、いずれは何かの役に立つと信じているのです。それに、やってみて失敗したのであれば、提案した本人も納得します。そういう社員の中からやがて一流のプロが現れてくるのです。

スーパーホテルでは、年間約600件の改善・改良提案が上がってきます。それらは年に2回の表彰式で審査され、生産性と顧客満足度の両方を向上させた提案には「スーパー大賞」を授与しています。

また、それとは別に、GE（ゼネラル・エレクトリック）の業務改善プログラムであるワークアウトも取り入れており、社内につくった12のチームが、それぞれに与えられた課題の解決を目指して改善・改良を進め、競い合っています。

そうやって私たちは、一流のプロを育成しようとしているのです。

震災時に発揮されたこと

スーパーホテルの社員に自律型感動人間になるように求めてきてよかったと思ったのは、東日本大震災が起きたときでした。

2011年3月11日、東北地方で巨大な地震と津波が発生しました。大阪の本社には、各地の店舗から状況を知らせる報告が次々にもたらされました。

被災が予想されたのは、宮城県仙台市の2店舗、岩手県盛岡市の1店舗、それから青森県内の5店舗と茨城県水戸市の1店舗の計9店舗でした。それらの店舗からの電話はすぐに通じなくなり、携帯電話の電池も切れて、連絡がとれなくなりました。

テレビで各地の被災状況を見ていた本社では、救援隊を組織することを決め、最も被害が大きいと見られた仙台の店舗に向けて社員35人を派遣しました。

仙台市のスーパーホテルの店舗は、広瀬通りと国分町にあります。幸い、どちらも建物には被害はなく、ホテルの設備も少し傷んだぐらいですみました。しかし、電気や水道といったライフラインは止まっており、エレベーターも使えない状態でした。

当然、営業どころではありません。

けれども、地震発生翌日の昼頃に救援隊の社員が到着してみると、仙台の2店舗のエントランスは開いていました。宿泊していたお客さまに加え、ホテルに避難してきた人たちもロビーに受け入れて、毛布や食事、飲料水、お菓子などを提供していたのです。トイレも、大浴場に貯めていた水を運んで使えるようにしていました。支配人や副支配人は不眠不休にもかかわらず、冷静に対応しており、ホテル内は実に整然としていました。

スーパーホテルにも非常時のマニュアルはありますが、大地震を想定した訓練はやったことがなく、震災直後は本社から指示を出すこともできませんでした。しかし、それでも仙台の2店舗では、支配人や副支配人たちが自分の頭で考え、行動していました。その姿はまさしく自律型感動人間でした。

「ぐっすり眠れなければ、宿泊代はお返しします」というスーパーホテルのお約束も果たされました。仙台の店舗では、震災発生後にホテルにいらっしゃったご予約客からお金はいただかなかったのはもちろん、事前に料金をお支払いになっていたご予約客にはお金をお返ししていたのです。それらもすべて現場の判断で行いました。

妊婦の方が店舗に入ってこられたこともあったそうです。その方はロビーでしばらく休息された後、愛知県に避難されました。お子さんは無事に生まれ、後日、感謝のお手紙をいただきました。

スーパーホテルのお客さまアンケートにはフリーコメントの欄があり、そのコメントがプラスの評価になっているものをサンキューレターと呼んでいます。震災後、仙台の店舗に寄せられたサンキューレターには「ありがとう」があふれていました。

このことを知ったときは、私も感動しました。自律型感動人間の育成を目指してやってきたのは、やはり間違いではなかったと思いました。

調査会社による地域別・価格帯別のホテル満足度調査で、スーパーホテルはそれまで東北地方の一泊9000円未満部門では3位でした。出店が遅く、店舗数も少なかったため、やむをえないことだと思っていました。しかし、震災後の調査では同部門で1位になりました。これも私たちにとっては誇らしいことでした。

「ベンチャー支配人」からパートナーへ

ベンチャー支配人の大半は、4年の契約期間が終了すると、経営者として独立します。飲食店やカフェ、ゲストハウスなどを始める人もいますし、介護事業、ハウスクリーニング業、広告業などで起業する人もいます。

ベンチャー支配人たちがスーパーホテルを巣立っていくことを私たちは「卒業」と呼びます。卒業生の多くは、起業した地でスーパーホテルを宣伝してくれますし、各地にスーパーホテル流のホスピタリティを広めてくれます。中には、将来性のありそうな人材を見つけてきて「スーパーホテルで仕込んでください」ともちかけてくる卒業生もいます。いずれも、私たちにとってうれしいことです。

卒業生のうちの1割ぐらいは、期間終了後、契約を延長して支配人を続けたり、スーパーホテルの社員になったりして、会社に残ります。最近では、「プチFC」という道を選択する人も増えています。

これには少し説明が必要でしょう。スーパーホテルの運営形態は、店舗借り上げによる直営を基本としていますが、そのほかにフランチャイズチェーン（FC）、そして「プチFC」という形があります。

すでにご説明したように、直営の場合は、私たちが土地建物のオーナーさんに家賃を払い、支配人（社員もしくはベンチャー支配人）を置いて運営します。FC店の場合は、オーナーさんに経営者になっていただき、私たちはそれをサポートすることでFC加盟料やコンサルティング料を受け取ります。

プチFCというのは、このFCになる手前の運営形態です。ベンチャー支配人卒業生が土地建物のオーナーさんに家賃を払って運営します。私たちは彼らをサポートし、FC加盟料に加えて什器備品のリース料を受け取ります。スーパーホテルが所有する什器備品を買い取ってもらうのではなく、貸し出す形にし、プチFCの経済的負担を軽くしてあげるのです。

プチFCはホテル経営者への第一歩です。もちろん、スーパーホテルの本社機能が全面的にバックアップしますし、いずれはFCを目指せるという意味でも魅力的な選択肢ではないかと思います。

この制度は私たちにもメリットをもたらしてくれます。本社から離れた地域の店舗は、ベンチャー支配人の経験を積んでスーパーホテルのノウハウを知り尽くしたプチFCに、ある程度の独立性をもって運営してもらったほうがうまくいくのです。プチFCは現在、15人くらいおり、中には2店舗を運営している人もいます。

明治から昭和初期にかけて官僚・政治家として活躍した後藤新平は、死の直前にこう述べたといいます。

「金を残して死ぬ者は下。仕事を残して死ぬ者は中。人を残して死ぬ者は上」

この言葉は、人を育てることの難しさと大切さをよく表しています。

「企業は人なり」といいます。その言葉の通り、会社の発展や成長は人材にかかっています。

経営者の最も重要な仕事は、人を育てること、人という財産、すなわち「人財」を生み出すことではないかと思います。

スーパーホテルでは、今後も自律型感動人間という財産の輩出に努めます。そして、巣立っていったその人たちと、お互いのためになるパートナーシップを組んでいきたいと思います。

金井壽宏教授の考察

各店舗の支配人たちが売上げやサービスの質を競い合い、「スーパーウェア」を通じて相互に学習し合っている。従業員たちの切磋琢磨を通じてイノベーションを起こそうとしている。

自ら感じて動く人材を輩出する

「感動」という言葉を聞いて私が思い起こすのは、林敏之さんのことだ。ラグビー元日本代表選手で、現在は神鋼ヒューマン・クリエイトのコンサルタントで独自の研修をしておられる林さんは、揮毫を求められると「感即動」と書く。「感じること、すなわち動き」と読むそうだ。感じることは美しく、本当に心の奥底で何かを感じたときに人は動く。そう林さんは語る。

ラグビーのテレビ中継では、グラウンドに現れたときにすでに泣いている選手をよく見かけるが、あれも選手がチームへの思いや使命感といったものに突き動かされているからだという。「でなければ、相手チームの自分よりも体格のいい選手に向かってタックルを仕掛けることなどとてもできない」と林さんは話していた。

山本会長が提唱するモデル「自律型感動人間」とは、林さん流にいえば「自ら感じて動く人」なのだろう。顧客のためを思い、マニュアル以上のことを自分の頭で考えて実行できる人、自らの行動によって、顧客に感動を与え、顧客の感動を自分の喜びとして受け止められる人。そのような人材の育成をスーパーホテルでは目指している。

現場で働く人を大事にしているという点では、スーパーホテルはヤマト運輸にも似ている。ヤマト運輸では宅配便の開始以来、セールスドライバーを大事にし、「ヤマトは我なり」という社訓を掲げて、自分で判断して顧客のために正しいアクションをとれるような人材を育成し続けてきた。

ちなみに私との対談中、最近は自動チェックイン機を導入するホテルが他にも出てきたという話になったのだが、山本会長はまったく脅威を感じていない様子だった。チェックインの自動化は、生産性と顧客満足度をともに高めるために進めるべきで、自律型感動人間の育成とセットでないとうまくいかないと考えておられるからだ。

自動チェックイン機を導入しても、フロントの人員を減らさなければ、生産性は上がらないし、少数精鋭のスタッフが存分にホスピタリティを発揮しなければ、サービスが劣化して顧客満足度の低下につながりかねない。

つまり、機械の導入は模倣できても、人材育成のやり方は容易には模倣できないのだ。自動チェックイン機を導入した他社について、山本会長は「毒まんじゅうを食べてはるのとちがうかな」と首を傾げておられた。

数字と理念と夢と

ベンチャー支配人制度も、スーパーホテルを特徴づける人事制度であり、夫婦を採用して支配人・副支配人の仕事を任せるパターンが多いという点もまた特徴的だ。

本章では3つの店舗のエピソードが紹介されている。これらは山本会長のいう「自律型感動人間」の典型を示すとともに、スーパーホテルの理念、そして同社におけるリーダーシップのあり方をうかがわせるストーリーになっている。

ホテルの運営をあえて「素人」に任せるというのは、確かに「非常識」なことかもしれないが、自身が新規参入者である山本会長にしてみれば、起業意識が高くて顧客の気持ちがよくわかる、仲のよい夫婦に店舗を運営してもらうほうがうまくいくということなのだろう。卒業後のプチFCという選択肢も、ベンチャー支配人がモティベーションを高めることに役立っていると思われる。

業績ランキングで下位になってしまった店舗に対して行う「ゴールド作戦」には、成果を出せない人を切り捨てるのではなく、成果が出せるように引き上げるという発想が感じられる。基本的に山本会長は性善説に立つ経営者なのだろう。

数字を重んじるが、それによって社員を縛るのではなく、理念に共感した社員に成長してもらい、さらには夢を描いてもらおうとしている。

また、IT化の先頭に立つIT戦略室が、現場主義に徹し、店舗回りに精を出しているというのも、他の企業ではあまり聞かない話だ。

スーパーホテルでは、本社機能を充実させつつ、あくまでも現場を最優先に考え、現場だけでは解決できない問題を本社が一緒になってサポートしている。つまり「集権と分権」のバランスがほどよくとれている。

イノベーションの源泉

MIT（マサチューセッツ工科大学）のエリック・フォン・ヒッペル教授は、イノベーションのアイデアは先進的ユーザーから生まれると説いた。

たとえば、シャンプーメーカーにとっての先進的ユーザーはミンクを扱う毛皮商だった。染みつきやすい動物のにおいを落としたいという毛皮商たちは、自分たちの工夫で、プロテイン（たん白質）をシャンプーに混ぜると効果があることに気づいて、そのように実践していた。毛皮商がリード・ユーザーだと気づいたおかげで、頭髪用にもプロテイン入りのシャンプーが誕生した。

この見方にならっていえば、スーパーホテルは、頻繁にビジネスホテルを使う出張客を先進的ユーザーとして発見したのだと解釈できる。低価格と快眠を求めているユーザーの声に全面的に耳を傾けることによって、このホテルは誕生したわけだ。

また、フォン・ヒッペル教授は、イノベーションを起こす人たちにとっての最も有力な情報源はライバルの存在だと述べている。この見方もスーパーホテルに当てはまる。

フォン・ヒッペル教授が見い出したのは、同じ業界のライバル企業で働いている技術者たちが近しい関係にあり、相互にアイデアを交換し合うような例だったが、スーパーホテルでは、各店舗の支配人たちが売上げやサービスの質を競い合い、社内イントラネットの「スーパーウェア」を通じて相互に学習し合っている。いわば、従業員たちの切磋琢磨を通じてイノベーションを起こそうとしている。

「組織的知識創造」に当たるともいえる取り組み

ITシステムを通じた社員同士の学び合い、接客レベルの向上のためのゴールド作戦、あるいは睡眠のメカニズムを究明するための研究活動……こうした一連の取り組みは、野中郁次郎先生（一橋大学名誉教授）が唱える「組織的知識創造」に当たるとみることもできる。知識創造とは、言語化しづらい暗黙知と言語化できる形式知の相互作用によるスパイラルプロセスのことをいう。

対談の中で山本会長は「サービスにまつわる知をロジカルに確立していきたい」と述べておられた。とかくサービスにまつわるナレッジは、「いわく言い難い」の一言ですまされやすいが、スーパーホテルではそれを言語化、さらにシステム化することによって、組織内に伝播させようとしている。

また、社員やスタッフからの提案を奨励する姿勢からは、この会社が実験主義を貫いていることがうかがえる。

トム・ピーターズとロバート・ウォーターマンによる古典的ベストセラー『エクセ

レント・カンパニー』(大前研一訳、講談社、1983年)では、超優良企業の特質のひとつとして、「実験精神が旺盛であること」を挙げている。

山本会長の「小さく生んで、大きく育てる」「7、8割方成功しそうだったら、まずやってみる」、あるいは「失敗した実験にかかった費用は〝埋蔵金〟」といった考え方からは、スーパーホテルが実験精神と実行重視を地でいき、現場発で上がってくるイノベーションの種をとても大切にしていることがわかる。

そして、社員からアイデアが出やすいのは、やはり経営理念の共有が進んでいるからに違いない。理念は、提案を上げたり実験を進めたりしていくうえでの判断軸であり、理念がしっかりと浸透しているからこそ、社員はその範囲内で発想を広げていくことができる。

さて、次章では、山本会長の生い立ちや経営者としての歩みについて語っていただく。会長が挫折と再起をへて体得した経営哲学や人生観が明らかにされる。

PART 4

挫折と再起をへて体得した経営者としての私の持論

山重ののれんを失って、
青臭い経営論など何の役にも立たない
ことを思い知らされました。

船場の商家3代目に生まれて

私は1942年に生まれました。すでにふれた通り、実家は祖父の代から大阪・船場で繊維商社を営んでいました。屋号は「山重商店《やまじゅう》」といい、母は家付き娘、父は婿養子という船場では典型的な商家でした。

山重商店は祖父が一代で築き上げた会社でした。主として綿糸・綿花を輸入して紡績会社に売る商売をしていましたが、自前の紡績工場も所有しており、原綿の相場が安いときは自社で糸に加工しておき、相場が上がると売りに出して儲けていました。また、原綿を船より陸上げする過程で生じる落ち綿の再生でも利益をあげていました。

戦前の山重商店は、煙突を38本立てたといわれています。国内だけでなく、朝鮮半島や中国大陸にも紡績工場を建て、北京、南京、広州、重慶などに支店を構えていました。一時は東京の繊維商社「日比谷商店」と比較されるまでに成長し、「東の日比谷、西の山重」と並び称されたとも聞きます。

しかし、終戦とともに在外資産がすべて没収されると、会社の規模は一気に小さくなり、借金も抱えてしまいました。

そんな危機を手堅く商売を続けることで乗り切ったのが、2代目である父です。父は、山重の紡績機械の整備を請け負っていた鉄工所の三男坊でしたが、婿入り先での責任をしっかり果たしたのです。

私には姉が2人います。その下に生まれた私は末っ子長男で、山本家にとっては大事な3代目、関西弁でいうところの「ぼん」でした。幼い頃は体が弱く、しょっちゅう風邪をひいていました。そんな私を父は厳しく育て、その分、母は甘やかしました。

余談になりますが、母の姉の娘に女優の山本富士子さんがいます。つまり私とはいとこ同士で、10歳くらい年は離れていますが、小さい頃は一緒に海水浴に行くなどして、よく遊んでもらいました。勉強もできる活発なお嬢さんでした。私が大学に入ってから、友人にせがまれて撮影所を訪ねたこともありました。

船場の商家では、店と家庭の区別があまりありません。とくにうちはその傾向が強く、父母は私たち子どもの前でも商売の話をしていました。母はただのお嬢様育ちではなく、無類の商売好きでもあり、毎朝、父と一緒に仕事に出かけるような人でした。「生き金・死に金」の話を最初に私に聞かせてくれたのも母だったと記憶しています。

父がよく口にしていたのは、「半歩先」という話でした。

「他の店と同じ品物を売っていたのでは、値段の競争に巻き込まれる。といって、あまりこだわったものを売ろうとしても、それをつくるためには時間も金もかかる。だから、こだわるにしても、半歩先を行くぐらいのものを考えんといかん。そのへんの頃合いいうのが難しいんや」

そういう話を聞きながら、私は知らず知らずのうちに商売人としての教育を受けていたのかもしれません。

人間、基本が大事

小学5年生のとき、私は追手門学院に転校し、そのまま中学、高校と進みました。中学高校では弁論部に所属しました。その頃には体もすっかり丈夫になっていました。私はいわゆるガキ大将タイプではありませんでしたが、友だちを集めて何かをするのは好きでした。小さい頃は、近所の子と演劇会を催したり、家にあった卓球台でピンポン大会を開いたりして遊びました。

高校時代には、友人たちを誘って北海道を長期旅行しました。日本海側を列車でゴトゴトと北上し、ユースホステルに泊まりながら、北の大地を巡りました。男女の友人に声をかけて一緒に飯ごう炊さんをやったこともありました。今になって振り返ると、遊びではわりあいリーダーシップを発揮する子どもだったように思います。

その頃、父によくいい聞かされていたのは、「人間、基本がなかったらいかん」ということです。「基本」とは、価値観や信念のことだと思います。私がその場その場に合わせた態度をとっていたりすると、「お前には基本がない」と叱られました。ぶれない人間になれといってくれていたのでしょう。

「嘘をつくな」

「相手を見て言い分を変えるな」

「絶対に逃げたらあかん」

これらの言葉も父から頻繁に聞かされました。現在の私を支える言葉でもあります。

高校を卒業した後、私は上京し、慶應義塾大学の経済学部に進みました。早稲田の出身だった父はちょっと残念そうな顔をしていましたが、私は慶應の創設者・福沢諭吉の「独立自尊」の精神に傾倒していたため、この進路に迷いはありませんでした。

学生時代は、酒にマージャンというおきまりの気ままな暮らしを送り、解放感に浸る一方、中南米研究会に入って活動していました。中南米のメレンゲという音楽が好きだったのと、将来は実家の山重商店を貿易商社にしたいとひそかに考えていたからです。

当時は、日本の紡績会社が中南米でビジネスを拡大させていた時期でした。私もぜひ現地の市場を見てみたいと思い、2年生のときに中南米を旅しました。エルサルバドルと日本との間に通商条約が結ばれ、慶應と早稲田の学生に招待状が届いたため、思い切って応募したのです。

旅は、ロサンゼルスからメキシコ、エルサルバドル、グアテマラと、約1カ月にわたって続きました。1ドル360円の時代ですから、旅費はかなりかさみましたが、両親がすべて出してくれました。我が子の初めての海外旅行のためなら、これは生き金だと思ってくれたのかもしれません。

大学で専攻したのは中小企業論です。実家を継ぐつもりでしたので当然の選択ではありました。教えていたのはマルクス主義経済学の先生でしたが、その批判精神は面白いと思いましたし、リサーチを重視する研究手法はその後も役に立ちました。

大学を出て女性下着の営業担当に

1964年に大学を卒業した後は修業に出ました。いきなり実家の商売を手伝うのではなく、大阪に本社を置く繊維商社の老舗「蝶理」に入社したのです。これは父の勧めもあってのことでした。

蝶理では、女性下着の営業を担当しました。その頃の下着は丈夫で長もちを何より重視しており、デザインも地味なものばかりでした。

私は、これからはカラフルでおしゃれな下着の時代がくるだろうと思い、花柄の商品を企画して上司に提案してみました。というのも、私は取引先のワコール（現ワコールホールディングス）に出入りしており、同社のデザインルームにも顔を出して、デザイナーたちが参考にする海外のファッション雑誌を見ていたからです。欧米ではすでに下着のファッション化が進んでおり、雑誌にはカラフルな女性下着の写真がたくさん載っていました。

かつての商社では「口銭《こうせん》を稼げ」という考え方が主流でした。商社はメーカーではないのだから、商品を効率的に仲介して口銭、つまり手数料を稼げればそれでよいとされていたのです。今では、多くの商社が独自の商品を開発し、メーカーに提案して共同で売るというビジネスが当たり前になりましたが、当時は、そのような仕事は商社では許されませんでした。

しかし、私は花柄の下着に絶対の自信をもっていたため、「これからの商社は、リスクをとって川下に進出していくべきです」と上司に進言しました。すると、上司も「面白い。やってみろ」とゴーサインを出してくれました。

ところが、この見通しは大きく外れてしまいました。何度も試作を重ねて商品化にこぎつけたものの、花柄のプリント生地をつくれるメーカーが少なかったため、下着としてはかなり高めの価格を設定せざるをえなくなったのです。

私なりに時代を先取りしたつもりになっていましたが、花柄下着はまったく売れませんでした。倉庫にうずたかく積まれた在庫の山を見たときは、めまいがしました。

なんとかしなくてはと船場界隈を歩き回りましたが、どこに行っても「こんな下着、誰が着るんや」とけんもほろろで、誰も話を聞いてくれませんでした。

そんな中、救いの手を差し伸べてくれたのが、ワコールでした。「女性下着の衣装展に出したい」と声をかけてくれたのです。その頃のワコールはまだ小さな会社でしたが、おしゃれな女性下着の拡販を狙っていました。私たちは打ち合わせを繰り返し、東レが生産した生地に蝶理が染色とデザインを施し、ワコールが縫製、製造することが決まりました。

でき上がった商品は大当たりとなりました。高度経済成長期にさしかかっていたこともあり、女性の間ではおしゃれな下着が求められるようになっていたのです。私がかかわった下着は飛ぶように売れ、蝶理の下着部門は業界トップに躍り出ました。

家業を継いで人生初めての挫折

私が蝶理を去ったのは、入社3年目、仕事が忙しくなり始めていた頃でした。父親が体調を崩したため、私が山重を継ぐことになったのです。戻ったとき、父はすでに入院しており、1年後に亡くなりました。私は25歳で3代目社長に就任しました。

山重商店には120人ほどの従業員がおり、重責を担うことになった私は心臓がしめつけられるようなプレッシャーを感じました。加えて、近代的な経営ノウハウを導入しなければならないという焦りもありました。家族的な雰囲気が支配する山重の経営のあり方は、私の目には旧態依然としているように映っていたからです。

若気の至りといえばそれまでかもしれません。ただでさえ頭でっかちだった私は、経営書を100冊ぐらい読んで、その内容を頭に詰め込み、改革を矢継ぎ早に実行に移そうとしました。「計数管理を徹底してムダを省き、企画力とアイデアで勝負する。商社は変わらないとあかん」、そんな言葉で社員を叱咤することもありました。

しかし、会社には祖父の代から働いてきた古参の社員もおり、若い3代目のいうことなど、まともに取り合ってはもらえませんでした。工場の生産性を上げるようにという指示も出しましたが、労働組合が反発し、そのうちよその会社の組合員までが集まってきて騒ぎが大きくなりました。

すべては私の自信過剰と傲慢さが原因でした。合理化の方向性は間違っていなかったと今でも信じていますが、周囲の理解を得る努力をまったく怠っていたのです。

番頭役を務めていた取締役には「社長のいってることは正しいけど、現実はそうはいきまへんで」と諭されました。事態の収拾がつかなくなる中、社員のほとんどは私に反旗を翻し、番頭役の側につきました。私は社内で完全に孤立しました。

家業を継いでわずか4年、私は人生で初めて挫折を味わいました。混乱を収めるどころか、会社を続けることすらできなくなり、結局、製造部門は三菱系の会社に買い上げてもらい、営業部門は番頭役に譲ることになりました。

自分が目指す会社経営をやっていくためには、いったん会社をたたみ、新たに起業して出直す以外に方法はないと思ったのです。

会社をたたむと決めたとき、真っ先に頭に浮かんだのは、母のことでした。山重を誰よりも愛していたのは母でした。その会社を息子が手放すことになったのですから、さぞかし悲しんでいるだろうと思いました。

しかし、母は気丈でした。山本家の資産を元手に新たに不動産業を始めたいと私が切り出すと、「好きなようにしなさい」とはいいませんでしたが、「あなたは、こうと決めたら動かんからな」といい、「毎月、決まった金額を私の所にもってきなさい」と付け加えました。さすがに船場の女性だと思いました。

成功している人がもっているもの

山重ののれんを失った後、私は自分が失敗した原因について考えました。まず思ったのは、大学で学んだことだけで人生を乗り切っていくのは難しいということでした。それまでの私は、さまざまな情報を集積する暗記力、その情報を使って時代の先を読む分析力、ビジネスを構想し、そこから得られる利益を正確にはじき出す計算力、といったものを磨いていけば、経営はうまくいくはずだと考えていました。

しかし、そんな青臭い経営論など、「人生という名の大学」においては何の役にも立たないことを思い知らされました。

では、どうすれば商売を成功させることができるのか。その答えを見つけるために、私は人に会って話を聞くことにしました。まことに幼稚なやり方ですが、成功する人と成功しない人の違いを知るためには、それが一番だと思ったのです。

幸い、時間的な余裕はたっぷりありましたから、自分で連絡をとったり、人づてにお願いしたりして、いろいろな人を訪ねました。

直接会えない人の話を聞きたいときは、その人の周辺の人たちに会って話を聞きました。足で稼ぐ聞き取り調査は、学生時代に中小企業論のリサーチで鍛えられていたので、まったく苦になりませんでした。約1年間で70～80人ほどと会ったでしょうか。そんな中、おぼろげながらわかってきたことがあります。

ひとつは、「成功している人はツイている」ということです。

企業経営の成功にはさまざまな形があります。中には自らすごい技術を開発することで成功を収める人もいます。しかし、同じことを他の人がやっても成功するとは限りません。実際、成功した人はしばしば「ツイていた」「運がよかった」といいます。逆に成功しなかった人は「ツイていなかった」「運が悪かった」といいます。

けれども、ツキのあるなし、運のよし悪しだけがすべてを決めるのでしょうか。そう思って、いろいろな人から聞いた話を反芻しているうちに、わかってきたことがありました。それは、「ツイていた」「運がよかった」という人は、ピンチをチャンスに変えているということです。

ならば、ピンチをチャンスに変えられる人とはどんな人なのか。

それは、ひらめきのある人です。ピンチに立たされたとき、そのことを嘆いてばかりいるのではなく、パッとアイデアをひらめかせて道を切り開くことができる人、つまり感性の豊かな人です。

逆に、「運が悪かった」という人は、ピンチをチャンスに変えられるようなアイデアがひらめかない人、そのための感性が乏しい人なのです。

感性は、自分で考えて自分で行動することによって磨かれていきます。窮地に陥ったときでも他人のせいにせずに、自分でそれを乗り越えようとすること、壁にぶつかっても逃げずに壁を突き破ろうとすること、そういった経験が感性を豊かにします。

梯子をつくるのは、どうしても2階に登ろうとする人だといいます。人は生きていく限りは失敗するものです。ですから、少々つまずいたからといって、貧乏くじを引いたとがっかりするのではなく、その経験をもとに感性を磨いていけばいいのです。

不動産事業を軌道に乗せようともがきながら、私はそんなことを考えていました。

「ツイていた」「運がよかった」という人と話していて気づいたことが、もうひとつあります。それは、そういう人たちの笑顔にはどこか人間的な魅力が感じられることです。ツキや運に恵まれている人は、困ったときに意外な人から物心両面で助けてもらうなどして、自らツキや運を呼び寄せています。

ただ単にツイていたり運がよかったりするのではなく、ツキや運を呼び寄せる何かをもっているのです。その何かとは人間力なのではないかと私は考えました。

55歳からの再起。

「このままでは終わりたくない」という
思いがありました。

人間力のベースとなる感謝の気持ち

家業をたたんだ後、私は、不動産、シングルマンション、スーパーホテルとビジネスを展開していったわけですが、ホテルの準備をしているさなかにバブル景気が崩壊し、銀行からの多額の借金を抱えてしまいました。

銀行に対しては、20年、30年をかけて融資を返済する計画を提示しました。しかし、認めてはもらえず、「10年以内に返してください」と突き返されてしまいました。

このときはこたえました。過労に寝不足が重なり、頭には円形脱毛症ができました。あまり飲めない酒を飲んだため、急性肝炎まで発症しました。死のうとは思いませんでしたが、うつ病に近い精神状態に追い込まれました。

しかし、今思えば、それまでが順調に行きすぎていたのです。上昇していく一方の地価に惑わされ、利益を追求するばかりのマネーゲームに走っていたことも否めません。銀行への借金返済に追われながら、私は自分の至らなさを反省しました。

そんなある夜のことです。銀行との長時間の折衝が不調に終わり、私は疲れ果てて会社に帰ってきました。すると、深夜であるにもかかわらず、オフィスの明かりが灯っていました。

入ってみると、黙々と働いている社員たちがいました。私が外に出ている間、彼らは売れそうな物件についていろいろと調べてくれていたのです。

会社から給料はなんとか払っていたものの、ボーナスなどとても出せるような状態ではなかった頃のことです。それなのに、黙々と残業してくれている社員の姿に、私は胸を打たれました。

そして、家に帰ると、家族がいつもと変わらぬ笑顔で迎えてくれました。家計には少ししかお金を入れていない父親なのに、家族は文句ひとついわずに私のことを待ってくれていたのです。

その夜、私の心の中にわき上がってきたのは、感謝の気持ちでした。社員や家族、お客さまや取引先、そういう人たちの存在が本当にありがたく感じられました。そして、感謝の気持ちからは使命感が生まれました。自分を信じてついてきてくれている人たちの存在が、私に勇気とパワーを与えてくれたのです。そのとき、私は、人間力のベースとなるのは感謝の気持ちだということに気づきました。

幼い頃、我が家では、夕食の前に家族全員でお経を唱えることになっていました。子どもの私が腹をすかせていても、お経が終わるまでは箸を取らせてもらえませんでした。私が内心、「早く終わらんかな」と思いながら声を出していると、父に「感謝の気持ちを大切にしなさい」と叱られました。「感謝される人間にはなれなくても、せめて人に感謝する人間にならなあかん」と諭されたこともありました。

おそらく父は、お経を読むという型から入ることで、感謝する力を私に身につけさせようとしていたのでしょう。バブルの後始末に追われる中、感謝の気持ちをもつことが人間力を高めることにつながるのだと悟った私は、父がうるさくいっていたことがようやく腑に落ちたような気がしました。

不動産業界には無一文から始めて成功を収めたような経営者がたくさんいます。私の周囲にもそういう人が何人かいました。彼らのハングリー精神の塊のような姿を目の当たりにすると、私は物怖じしてしまい、「自分はとてもかなわない」と思ったものでした。

けれども実際には、ハングリー精神だけで経営を持続させることは難しいようです。

現にそういう経営者はバブル崩壊とともに姿を消していきましたし、本当に生き残ったのは、やはり人間力のある人です。人に感謝し、人から感謝されるような人たちでした。

今でも私は、自宅にいるときは夕食前に仏壇の前に座って、お経を読むことにしています。両親がやっていたことをまねしているうちに自然と習慣になりました。経文もそらんじてしまいました。

そうやって手を合わせていると、自ずと感謝の気持ちがわき上がってきます。感謝の気持ちをもつことで自分の中に活力がわいてきて、充実した仕事ができるようになるのです。

ビジネスモデルも戦略も大事だが……

家業をたたむという挫折、バブル崩壊にともなう危機、この2つの経験を通じて、私は感性と人間力の大切さを知り、人間力のベースになるのは感謝の気持ちだということに気づきました。

もちろん、企業を経営していくうえではビジネスモデルや戦略も大事ですが、感性を磨き、人間力を高めていかなければ、真の成功はつかめないことを学びました。

実は、私が提唱する「自律型感動人間」という人間観も、こうした考え方がもとになっています。人は、その豊かな感性によってこそ、自律的に行動することができ、感謝の気持ちがあってこそ、人に感動を与えられるのだと思うのです。

私はふだんから、スーパーホテルの社員に対して、「感性を磨きなさい。人間力を高めなさい」といっています。すると、中には「何をすればいいのかわかりません」と戸惑う従業員もいます。

ある新人の女性フロントアテンダントは「感性とか人間力とかいわれても、自分にそんなものがあるのかどうかわかりません。これまでそんなことを考えてこなかったので、何もないといったほうがいいかもしれません」と自信なさげでした。

しかし、「何もない人間」などいるはずがありません。彼女には素敵な笑顔と明るい笑い声がありました。私は彼女にいいました。「大丈夫。その笑顔さえあれば、フロントの仕事は務まりますよ」。

感性や人間力を磨くのは簡単ではありませんが、何かが起きたときに他力本願になって逃げたりせず、貧乏くじを引いても自分で考えて頑張ることが大切です。そうすることで感性は磨かれますし、自分がいろいろな人に支えられていることがわかれば、人間力の基本である感謝の気持ちがわいてきます。

大切なのは、求めるだけでなく、与えること。それを自分の生き方の指針にしていれば、人をしあわせな気持ちにすることができます。

人をしあわせにできれば、自分もしあわせな気持ちになれます。そうした「ウィンウィン（Win-Win）」の関係が、知らず知らずのうちに感性を磨き、人間力を高めることにつながります。

スーパーホテルでは、社員が感性と人間力を育んでいくための学習を奨励していま す。業務に必要な知識を習得するための読書はもちろん、ものの見方や考え方の幅を広げるための読書に関しても支援は惜しみません。

読書レポートを提出すれば、書籍代を支給します。各種のセミナーや講習なども、あらかじめ希望を出し、承認されれば、会社のお金で受講できます。

社員一人ひとりがスーパーホテルの経営理念を共有し、仕事を通じて自己実現を目指し、感性と人間力を高めて、家族とともにしあわせな人生を送ること。それが私の願いです。

まちおこしで「四方よし」の経営を

PART2でスーパーホテルのグローバル化についてお話ししましたが、私たちはグローバルばかりに目を向けているわけではありません。日本国内のまちおこしにも一役買おうとしています。

そのひとつの例が、愛媛県八幡浜市への出店です。

八幡浜は四国の北西部、佐田岬半島の付け根に位置し、温暖な気候と豊かな自然に恵まれた美しい港町です。

しかし、近年、過疎化が急速に進行しつつあり、人口は減る一方だそうです。そのため、市では観光を軸としたまちおこしに積極的に取り組んでおり、関係者の一人が私たちのもとに相談に来られました。地域の活性化のために力を貸してほしいとのことでした。

八幡浜には観光資源がたくさんあります。明治期の面影を残す街並みや、奈良時代・平安時代の文化財も残っています。そして何より農産物・水産物が豊富です。豊後水道の対岸、つまり九州側で水揚げされたサバやアジは「関サバ」「関アジ」と呼ばれ、高値で取引されていますが、四国側の八幡浜では、同じおいしさのサバやアジが半値以下で食べられます。たっぷりと太陽の光を浴びたおいしいミカンの産地としても知られています。

市では、そんな地域の特性を生かして観光客を呼び込みたいと考えていました。ただ、そのためには宿泊施設が必要となります。そこでスーパーホテルに白羽の矢が立ったのです。このような経緯でオープンしたのが、天然温泉付きのスーパーホテル八幡浜です。この店舗は、2名様が宿泊できるスーパールームを多くし、観光客向きの仕様になっています。

近くには道の駅や、フードコートを備えた施設、海産物の直売所が開設されており、スーパーホテルにお泊まりいただきながら、特産品の買い物を楽しんでいただくことができます。魚を捕る網を引っ張ったり、ミカンを収穫したりといった体験観光に参加することもできます。

スーパーホテル八幡浜の客室数は86と少なめです。そのぐらいの規模でも収支が合うホテルはスーパーホテルぐらいしかなく、だからこそ出店する意味があると私たちは考えています。

幸い、稼働率は、85%ぐらいと好調です。近くの松山市や宇和島市に観光に来られて、八幡浜のスーパーホテルにお泊まりになる方も増えているようです。

八幡浜店の好調ぶりが新聞などで取り上げられると、過疎化に悩んでいる各地の自治体からも出店の要請をいただくようになりました。かつては、地域振興といえば工場誘致がおきまりのパターンでしたが、これからは、体験観光で人を集めて地域の魅力を伝えるという方法が主流になっていくでしょう。

私たちも、今後も地域のまちおこしと連動した出店を増やしていく必要があると思っています。スーパーホテルのリピーターの中には、各地の店舗に泊まりながら国内旅行を楽しんでおられる若者層がいます。そういった方々のクチコミでご利用が拡大していくことも期待しています。

昔の近江商人が使った「三方よし」という言葉はよく知られています。売り手よし、買い手よし、世間よし。商いを通じて売り手と買い手が満足するのはもちろんのこと、社会や地域にも貢献しなくてはならないという考え方です。

ホテル経営がビジネスである以上、利益が大事なのはいうまでもないことですが、その利益は、お客さまや社会の利益を優先させた後にいただくべきものです。それが、真の「三方よし」ではないかと思います。

さらに私はそこに、「社員・スタッフの利益」も加えたいと思っています。スーパーホテルは「四方よし」の経営を目指していきます。

高齢化社会を見据えて

スーパーホテルの1号店を出した96年、私は社会福祉法人を設立し、大阪市で介護事業をスタートいたしました。その後、事業としてのスピード感を高めるために民間会社を設立し、本格的に介護事業に乗り出しました。

現在は、「スーパー・コート」という施設を、大阪府、京都府、兵庫県、奈良県で43カ所運営しています。

シルバービジネスの分野に入っていった動機は、あまりほめられたものではありません。少子化によって若者の数が減っていけば、シングルマンションの入居者も減っていきます。だったら、高齢化という将来性に着目し、介護の世界に進出していけばいいではないかと考えたのです。現に最初は、シングルマンションを改修して高齢者用のマンションをつくりました。

しかし、いざ踏み出してみると、介護事業はビジネスの嗅覚だけでやっていける世界ではないと痛感しました。これまで世の中に貢献してくださってきた高齢者の方々が、明るく楽しく老後の日々を送れる「第二の我が家」を運営していかないといけない、と思うようになりました。

老人ホームとビジネスホテルには大きな違いがあります。ビジネスホテルのお客さまは、ふつうは1泊、連泊されても何日かで出ていかれますが、老人ホームでは、入居される方々の残りの人生をすべて引き受けなくてはなりません。サービスにおいては医療や介護との連携が大切となります。

ホームを元気で明るい施設にするためには、お年寄りが好きで、お年寄りに尊敬の念を抱いている自律型感動人間のスタッフも欠かせません。

スーパー・コートは、入居者に関西一、元気な老後を送っていただこうと、「安全・清潔・イキイキ」というコンセプトを掲げています。食事や運動など日々の生活を改善していくことで、入居者に占める入院者の比率を4%以下に抑えるという目標も掲げています。

とくに力を入れているのは認知症ケアです。認知症の方々にも安心してお暮らしいただけるように、五感を刺激するような各種のケアを専門的に行い、入居者の脳の活性化や心身の癒しにつなげようとしています。

高齢者ケアマネジメントの第一人者である白澤政和先生（現・桜美林大学大学院教授）をお招きした事例報告会も毎月開いています。

介護と医療の連携により認知症の症状を改善する研究も進めてきました。その成果は日本認知症ケア学会でも発表し、石崎賞を受賞しました。

どんなに重度の認知症の人でも最期まで看取るという方針のもと、試行錯誤を続けています。

スーパー・コートの経営状況は、現時点ではぎりぎり及第点といったところですが、シルバービジネスは人類にとって未踏の領域であり、無理のない費用で豊かな老後が送れる仕組みを構築していく必要があります。私たちに与えられた役割はけっして小さくないと思っています。

理念なき同族会社に存在意義はない

50歳のとき、私は、父方のいとこでIT部門を担当していた小森範樹さんに社長職を譲り、会長になりました。本当はその時点でリタイアすることも考えたのですが、バブル崩壊でそれどころではなくなり、会長でありながら現場にも立つという働き方を続けてきました。

その後、残念ながら小森社長は亡くなり、現在は山村孝雄さんに後任を務めてもらっています。

山村さんとは、お互いに独身だった頃からの仲です。山重商店をたたんで不動産業を始めた当時、新聞に求人広告を出したところ、山村さんが応募してきました。

彼はもともと証券会社に勤めていて、営業ではかなりの実績をあげていたのですが、考えるところがあって郵政省（当時）に転職しました。しかし、そこでも情熱は満たされず、不動産業界に飛び込んできたのです。

その頃は「男子一生の夢はマイホーム」という時代であり、山村さんは、住宅を供給する仕事にロマンと社会的意義を感じていたようです。私たちは意気投合し、以来、約40年にわたる二人三脚が続いています。ちなみに、彼が結婚したとき、私はまだ独身でしたが、母と一緒に仲人を務めさせてもらいました。

山村さんは営業にかけては天才的な人です。注文住宅をひとりで年間60棟近く売ったこともありました。年間10棟売れば一流の営業マンといわれますから、これは尋常な成績ではありません。注文住宅の営業では、顧客に対して契約事項を細かく説明する必要があり、年間60棟も売っていたら、寝ていられないはずなのです。「どこで寝てんねん」と聞いたら、クルマの中で寝ているとのことでした。

そんな山村さんも、ホテル用地の確保では苦労していました。先述した通り、有望な土地のオーナーさんほど慎重でしたから、説得はなかなかうまくいきませんでした。

そのことに責任を感じた山村さんは、あるとき、とうとう辞表を書いてもってきました。用地確保が難航しているぐらいのことで、会社を辞めるといいだすようなやわな男でないことはわかっていたため、私は真剣に向き合い、スーパーホテルのビジネスモデルとその将来性について改めて語りました。そして「このビジネスはきっと成功するという自信がある。でも、君と一緒にやれないのであれば、事業からは撤退する」といいました。

山村さんは「だったら、直営でやりましょう」といいました。当初、私はスーパーホテルをフランチャイズチェーン（FC）で始めようかと思っていたのですが、山村さんは、「そんなにいいビジネスモデルなら、直営でもって範を示しましょう」と進言してくれたのです。この一言がきっかけで、スーパーホテルの運営形態は基本的に直営にすることが決まりました。

山村さんはホテル用地の確保をやり抜き、スーパーホテルの発展のために今も私とともに歩んでくれています。

その先の事業継承についても、ふれておきたいと思います。スーパーホテル・グループでは、私の長男と次男が働いています。長男はスーパー・コートの社長、次男はスーパーホテルで部長を務めています。

利益追求主義に走るのではなく、お客さまに喜んでいただけて、社員がやりがいを感じられ、社会に貢献できる経営を持続させる。そのためには同族経営というあり方がふさわしいのではないかと思っています。

逆にいうと、同族経営から理念をとったら、何も残りません。理念なき同族会社に存在意義はないのです。

長男は今、スーパー・コートの社長を務めるかたわら、京都工芸繊維大学の大学院博士課程で学んでいます。同大学の濱田泰以《ひろゆき》教授は、伝統工芸の職人の技術を科学的に解析し、そのデータを公表することで、匠の技の伝承に生かそうとしています。長男はその濱田教授のもとで、介護スタッフの体の動きを解析することによって、介護のコツを発見する研究を進めてきました。

次男はＩＴに強く、スーパーホテルがＩＴ化を進めた際の仕切り役でした。現在は、経営品質部長と建設企画部長を兼務しています。

性格的には長男が攻めのタイプで、次男が守りのタイプです。それぞれのよさを生かしながら、お互いに力を合わせていってほしいと願っています。

平凡に見えることを着実にやり続ける

スーパーホテルを始めたとき、私はすでに50歳を過ぎていました。そのせいか、「その年齢で新規事業に踏み出すためには勇気が必要だったでしょう」とよく聞かれます。

確かに勇気は必要でしたが、私の中には「このままでは終わりたくない」という思いがありました。

バブル崩壊に見舞われ、6000室保有していたシングルマンションを切り売りして危機をしのいでいた状態でしたが、このままでは終われないと思ったからこそ、「もう一度新しいことをやろう。今度はデフレ先取りのビジネスをやってみよう」と踏ん張ることができたのです。

毎年正月、私は、慶應義塾大学を1964年に卒業した関西在住の同窓生たちと会っています。以前、55歳になった年の会では、「これからビジネスホテルを100店舗まで増やしたい」と宣言しました。

すると、みんなから「ええかげんにせいよ」と笑われてしまいました。すでに人生を引き算で考えなければならない年齢に差し掛かっているのに、いつまでホラを吹いているつもりだとあきれられたのです。

ただ一人、大丸の社長をしていた奥田務君（現・Jフロントリテイリング相談役）だけが「ほう、金はどないすんねん」と興味を示してくれました。私がスーパーホテルの出店の仕組みを説明すると、「おもろいな。イトーヨーカ堂と同じ方式やな」とうなずいていました。

その後、企業に勤めていた友人知人たちは次々に定年でリタイアしていきました。「無事つつがなく勤め上げました」などとしたためられた挨拶状をもらうこともありました。

「無事つつがなく」というのはよい人生だと思います。しかし、人間も会社も困難を乗り越えていけたときに、大きく成長できます。自分の伸びしろを感じながら「山あり、谷あり」の人生を歩んでいくのもまた楽しいものです。

マスコミのインタビューなどで「ビジネスを成功させる秘訣は何ですか」と尋ねられたとき、私は「平凡の凡を重ねて非凡となす」と答えます。これも幼い頃に父から何度も聞かされた言葉です。スーパーホテルの社員にもよくいい聞かせています。

目標を実現するためには、できることをすべてやり切らなくてはなりません。やり切っていないことが少しだけある場合と、すべてをやり切った場合との違いはごくわずかかもしれませんが、その少しの違いが積み重なっていくと、いつか大きな差となって表れます。僅差はやがて大差となるのです。

換言すれば、大差をつけるためには、僅差を積み上げていくことが大切なのです。

事業を伸ばし、成功させるためには、小さな改善を繰り返していかなければなりません。そのためには、平凡に見えることを着実にやり続けること、一見ふつうのことであっても、それをきちんとやり切ることです。経営に秘訣があるとしたら、そんなことかもしれません。

金井壽宏教授の考察

優れたリーダーは経験から教訓を引き出し、自分なりの持論をつくり上げる。

山本会長は、「感性」「人間力」「感謝」という3つのキーワードを根幹とするリーダーシップ持論を構築した。

リーダーシップへの入門、そして挫折

研究者もあるいはジャーナリストも、経営者にインタビューする際には、その人が企業でトップに近づいた頃ぐらいからの話を中心に聞くことが多い。しかし、それだと、「えらい経営者はやはり違う」といった印象だけを読者に与えてしまいがちだし、その人がリーダーへと成長していったプロセスが見えづらくなる。

そのことに、ある時期から私は疑問を感じるようになり、リーダーにも少年時代があり、青春時代があるのだから、本当はそこまで遡ってお話をうかがうべきなのだと考え直した。実際にやってみると、案外、経営者の方々も喜んで話をしてくださる。人生を振り返る機会をもらったといわれることもある。

今回、山本会長にも幼少の頃からの話をしていただいた。それにより、船場の商家に生まれたという生い立ちと、御両親から受けた薫陶がスーパーホテルの経営に影響を与えていることがわかった。

子どもの頃から、遊びではリーダーシップを発揮していたという話も興味深く聞い

た。なぜなら、肩書きが与えられるわけでもなく、選挙があるわけでもない子どもたちの世界でイニシアティブをとったというのは、リーダーシップへの入門の仕方としては最も純然たる形だからだ。

「○○をして遊ぼう」と仲間に提案し、ちゅうちょする子がいたら説得し、その結果、みんながついてきたら、それは間違いなく、リーダーシップの決定的瞬間だ。

この経験は大人になってからもきっと生かされるはずで、企業の中で課長や部長を務めるようになった人でも、たとえばその組織の古い仕組みを変えなくてはならないような場面に直面したときは、自分が正しいと信じる道を進んでいかなくてはならない。その際、課長や部長の肩書きや権限を振りかざしても、部下はついてこないかもしれない。つまり、子どもの頃に友だちと一緒に遊んだときと同じような、純度の高いリーダーシップを発揮しなければならないわけだ。

大学を卒業して蝶理に入社してからの山本会長は、上司に進言して女性下着の企画を通し、成功に導くなど、企業人人生においての好調なスタートを切った。このエピソードは、部下の側からもリーダーシップを発揮できることを表す好例ともいえる。

ところが、実家の山重商店に戻って社長職を継いだ後、矢継ぎ早に改革を進めようとして、社員に離反され、会社を人手に渡すことになる。

このときの挫折について、山本会長は「私の自信過剰と傲慢さが原因でした」「周囲の理解を得る努力をまったく怠っていた」と述懐しているが、当時の会長は、米国のエドウィン・P・ホランダー教授によるリーダーシップの信用蓄積（クレジット・アキュミュレーション）理論でいうところの、「ひとがやっていない違ったことをやってみせてほしいといわれるほどの信用（イディオシンクラシー・クレジット）」をまだ十分に貯めていなかった可能性がある。

番頭格の幹部や工場で働く社員たちがまだ新社長の3代目を信用しておらず、「お手並み拝見」の態度をとっていたところに、いきなり近代的経営をもち込もうとしたことが災いしたとも考えられる。

感謝の気持ちとレジリエンス

山重商店をたたんだ後、山本会長は不動産業を始める。そして、さまざまな人に会って話を聞いたり、バブル崩壊の危機をくぐったりしていく中で、「感性」と「人間力」の大切さを知り、人間力のベースになるのは「感謝の気持ち」だということに気づく。とりわけ感謝は、会長の人生においてかなり濃厚なテーマになっているように思われる。

心理学者であるカリフォルニア大学のロバート・A・エモンズ教授は、自分に起こった出来事のうち感謝したいと思ったことを日記に書くグループと、わずらわしいと思ったことを書くグループと、単に出来事だけを書くグループでは、幸福度にどのような違いが現れるかという実験を行った。

その結果、感謝したいと思ったことを日記に書くグループのメンバーは、心理的にも身体的にもよい状態を保てていることがわかった（『Gの法則——感謝できる人は幸せになれる』片山奈緒美訳、サンマーク出版、２００８年）。

エモンズ教授は、マーティン・セリグマン（アメリカ心理学会元会長）の呼びかけで始まったポジティブ心理学の研究において中心的な役割を果たしている一人だが、感謝というトピックスには単にポジティブという以上の深みが感じられる。

また、その原著を読むと、「感謝（gratitude）」の反対語に当たる英語表現が「やってもらって当たり前（entitlement）」だということがわかる。いわれてみれば確かにその通りで、自分に対して何かをしてくれた相手を最もがっかりさせるのは、感謝しないことではなく、「やってもらって当たり前」という態度をとることだ。

世の中の経営者はしばしば、社員に対して「会社がうまくいっているのは、みなさんのおかげです」などと感謝の言葉を口にする。だが、その場合は本気度が問われる。どの程度、本気でそう思っているかが顔に出る。

もちろん、山本会長が感謝の気持ちを本気で大切にしておられることは明らかで、それは、挫折経験や修羅場体験をくぐって「レジリエンス」を身につけられたからだと推察する。

レジリエンスもポジティブ心理学の研究トピックスのひとつであり、一般的には「回復力」などと訳される。私は、「折れないしなやかさ」や「鋼のような弾力性」というふうに理解したほうがいいのではないかと思っている。

ポジティブ心理学に対しては、「能天気すぎる」といった批判も加えられているが、レジリエンスは、困難を克服する力に着眼する概念であり、人間はネガティブな経験をするものだということをちゃんと踏まえている。

現に、山本会長は心身に支障をきたすほどの苦難を経験し、乗り越えてきたわけだが、そうやってレジリエンスを身につけた人が、穏やかな笑顔で「感謝の気持ちは大切です」とおっしゃるとはるかに説得力が増す。

その結果、わたし自身もそうだったが、山本会長の語りはさりげないエピソードほど説得力が深いとナチュラルに感じられた。

挫折からの回復は、ご自身が自身のリーダーシップを磨いていくうえでの貴重な経験にもなっているはずだ。優れたリーダーは経験から教訓を引き出し、自分なりの持論をつくり上げる。山本会長の場合は、「感性」「人間力」「感謝」という3つのキーワードを根幹とするリーダーシップ持論を構築した。

また、従業員に目指してほしい人間像を、理念に関連づけながら「自律型感動人間」として明瞭に示した。そのくだりを読めばわかるように、本章の語りは、山本会長が歩んできた「リーダーシップの旅」を回顧する内容にもなっている。

50代、中年期からの再起

50代に入ってからスーパーホテルの事業に打って出た山本会長の行動力に驚かれる

読者もいるかもしれない。

実際の50代はまだまだ若く、中には元気すぎるくらい元気な人もいる。しかし、ふつうは人生半ばを超えると、考え方が保守的になっていくものだし、現状がうまくいっているほど守りに入ってしまい、新たな一歩を踏み出しにくくなる。

では、なぜ山本会長はチャレンジできたのだろうか。キーワードは本章に出てくる「このままでは終わりたくない」という言葉ではないかと思う。

よく知られているように、エイブラハム・H・マズローは、人間のもつ欲求は、生理的欲求、安全の欲求、愛と所属の欲求、自我と自尊心への欲求、自己実現の欲求というふうに階層を成しており、ベーシックな欲求から順番に満たされていくと唱えた。

これが有名な「欲求階層説」だが、すべての欲求が同じような時間幅で満たされるわけではなく、上位の欲求ほどそれを満たすのには時間がかかる。また、自己実現欲求だけは、それが満たされる瞬間を具体的に描くことができない。

したがって、「僕は27歳で自己実現しました」などといえる人がいるはずはないし、私たちが電車に乗っていて、「見て、見て、あのドアのそば、あそこに自己実現した人がいるよ」と指さすことなど、誰にもできない。自己実現欲求は、おそらく一生をかけて満たしていくものであり、「満たされた」と完了形で表現することはできないものなのだ。ましてや、電車の中で、「すごい、あのひと、今、自己実現している」などと、寝ぼけた独り言をいう機会もない。

そう考えると、山本会長のように、いくつになっても新たな扉を開いていこうとする人たちの気持ちもよく理解できる。口に出すにせよ、出さないにせよ、「このままでは終わりたくない」という思いに突き動かされ続けることは、起業家の条件といってもいいのかもしれない。

また、山本会長はホテル事業に乗り出すことで、中年の発達課題をクリアしたと考えることもできるだろう。

心理学者エリク・エリクソンは、中年期以降の人が次世代のために何かを残そうとする課題のことを「世代継承性（ジェネラティビティ）」と呼んだが、山本会長は、スーパーホテルの事業、あるいは、まちおこしのためのホテル出店や介護施設といった社会性のある事業を通じて、何か意義深いものを次世代にもたらそうとしている。

自律型感動人間という人間観にも、次世代を担う社員やベンチャー支配人を育成したいという希望が感じられる。

おわりに――金井壽宏

経営学者として、経営者とお目にかかることが多いが、お会いするなり、こちらが自然と緊張するようなタイプの方もおられますが、スーパーホテルの生みの親である山本梁介会長は、ご挨拶させていただいた瞬間から、こちらを和ませてくださる経営者です。

そのおかげで、本書の素材となった一連の対談の機会には、ほんとうにリラックスして、臨むことができました。スーパーホテルの客室でのインタビューの機会もあれば、（本書に挿入された写真が撮影された）神戸大学六甲台キャンパスの貴賓室でのインタビューの機会も持たせていただき、どのような場でも、対話を楽しませていただくことができましたことを感謝しています。

もちろん、今となれば、そのように和やかに微笑みながら語られる経験のいくつかは、くぐっておられるときには、たいへんな蹉跌、挫折であったものも含まれています。

でも、山本さんは、そこからなんとか元のように元気になられるという意味で回復してこられました。またそこをくぐったおかげで、いっそうしなやかになり、さらに逆境を跳ね返す力を強めてこられたように感じられました。

ピンチになっても元のように元気になるのが普通の「しなやかさ」、もしくは「回復力（レジリエンス）」と呼ぶことがあります。普通のひとならくぐることがない、また普通のひとなら逃げてしまいたくなるような逆境に直面しても、元のように元気になるどころか、前の水準を超えて回復するひともこの世にはいます。

ダン・マッカダムズという生涯発達心理学者は、そういうひとには、「超回復力（リデンプション）」が備わるレベルまで達していると主張しました。山本さんもそういうひとりではないでしょうか。

山本梁介さんと、この書籍の制作プロセスで何度もお会いさせていただき、そこでわたしが感じた山本さんの、周りを和ませる極上のスマイルは、この超回復力まで辿り着いた経営者ならではのものではないかと思うようになりました。

山本さんの醸し出す言葉から、読者のみなさんがピンチを乗り越える力、長期的に自分を引っ張る理想や夢、そのプロセスを彩るビジネス面での理想、工夫と一緒に働く人びとへの配慮を、どうか本書を繰り返し開いて、何度となく味わってほしいと願います。

最後に、長いインタビューを実現してくださった山本梁介会長、構成を手伝ってくださった秋山基さん、それからこの書籍を手にしてくださったみなさまに感謝いたします。

おわりに

山本梁介

本書を仕上げているさなか、スーパーホテルの出店が新たに1カ所決まりました。島根県江津市にフランチャイズ店を出すことになりました。

四国の八幡浜店のときと同じように、この出店は地域おこしを兼ねています。活気が薄れた駅前の再開発計画がまとまり、それに合わせてホテルを建てたいという要望が私たちに寄せられました。現地の開発会社が建設費用を市民や団体から募ったところ、大口小口合わせて2億円近いお金が集まったといいます。市からも無利子で融資が受けられることになりました。そうした地元の方々の熱意に打たれた私たちは、開発会社とのフランチャイズ契約を交わし、2015年の開業を目指すことにしました。

この地域には、さまざまな名所や旧跡、西日本最大級の水族館などの観光資源がありま す。近くの出雲市や浜田市を訪れた方々に足を伸ばしていただき、おいしい海の幸を味わっていただくこともできます。

スーパーホテルなら、100室以下の店舗でも採算はとれますし、ホテルビジネスと地域貢献を両立させることができるのではないかと期待しています。

スーパーホテルにお泊まりになるお客さまには、ビジネス客と交流客がいらっしゃいます。ビジネス客は、店舗がある地域に商品やソフトやノウハウを供給し、地域経済を活性化させる役割を担っておられます。交流客は、観光、スポーツ、芸術などさまざまな分野で地域と交流し、地域文化の発展に貢献してくださいます。どちらのお客さまにも、ただ単に宿泊する場所を提供するのではなく、ぐっすり眠って英気を養っていただき、翌日から元気に活動していただくことが、地域経済の活性化や地域文化の発展につながります。

ですから、私たちは、お客さまと地域社会のみなさまの運命共同体でありたいと願っています。お客さまと地域社会、社員とビジネスパートナーが感謝と感動の輪を回して、地域を元気にし、地域に貢献できれば、すばらしい未来が開けるのではないかと思います。

私たちスーパーホテルでは、今後も時代を先取りし、仕組みづくり、人づくり、顧客づくりに挑戦していきます。「死に金」になる経費は1円でも惜しみ、「生き金」になる先行投資は積極的に行って経営の質を高めることで、エクセレント経営を貫いていきます。

最後に、本書誕生のきっかけをつくってくださった金井壽宏先生、構成を担当してくださった秋山基さん、長年にわたってスーパーホテルを支えてくださっているお客さま、お取引先のみなさま、社員、そして妻の俊子に、この場を借りて感謝の言葉を贈りたいと思います。

【著者紹介】

山本　梁介（やまもと・りょうすけ）

◉――1942年生まれ。64年慶應義塾大学経済学部を卒業。3年間、繊維・化学品の専門商社である蝶理に勤めた後、不動産事業に従事、シングルマンションの管理・運営を手掛ける。89年12月、スーパーホテルを設立して会長に就任。95年5月、シングルマンションを運営・管理するシティー・エステート（現・スーパー・コート）を設立。現在、スーパーホテルは105棟、1万2000室、スーパー・コートの部屋数は5000室、最近はシルバーホームも手掛け、43棟、2500室を超える。

金井　壽宏（かない・としひろ）

◉――1954年生まれ。78年京都大学教育学部卒業。80年神戸大学大学院経営学研究科修士課程修了。89年MIT（マサチューセッツ工科大学）でPh.D（マネジメント）を取得。92年神戸大学で博士（経営学）を取得。現在、神戸大学大学院経営学研究科教授をつとめる。

◉――モティベーション、リーダーシップ、キャリアなど、働く人の生涯にわたる発達や組織の中の人間行動の心理学的・社会学的側面に注目し研究している。最近は､組織変革や組織開発の実践的研究にも着手。著書に『踊る大捜査線に学ぶ組織論入門』『サーバントリーダーシップ入門』（いずれも共著、ともにかんき出版)、『どうやって社員が会社を変えたのか』（共著日本経済新聞出版社)、『「このままでいいのか」と迷う君の明日を変える働き方』（日本実業出版社）など、多数ある。

5つ星《ほし》のおもてなしを1泊《ぱく》5120円で実現《じつげん》する
スーパーホテルの「仕組《しく》み経営《けいえい》」　〈検印廃止〉

2014年5月7日　第1刷発行
2025年1月15日　第10刷発行

著　者――山本　梁介＋金井　壽宏
発行者――齊藤　龍男
発行所――株式会社かんき出版
東京都千代田区麹町4-1-4 西脇ビル　〒102-0083
電話　営業部：03(3262)8011㈹　編集部：03(3262)8012㈹
FAX　03(3234)4421　振替　00100-2-62304
http://www.kanki-pub.co.jp/

印刷所――ベクトル印刷株式会社

2014 Printed in JAPAN　ISBN978-4-7612-6996-8 C0034